おひとり様を生き抜く「女子貯金」生活

横山光昭

祥伝社黄金文庫

本書『おひとり様を生き抜く「女子貯金」生活』は、２０１４年11月、小社から単行本で刊行された『「おひとり」を不安０で生き抜く女子貯金』を改題し、加筆・修正して文庫化したものです。

はじめに

私は毎日、「どうしても貯金ができない」「借金があって家計が苦しい」「将来のお金が不安」といった、さまざまなお金の相談にお答えする仕事をしています。

難しくいうと「ファイナンシャルプランニング」というものです。このファイナンシャルプランニングを通じて、みなさんの家計と気持ちをラクにすることを、私は目指しています。

ファイナンシャルプランニングの依頼は、毎日のように、全国各地から多数寄せられます。必要としていただけるのは嬉《うれ》しい限りですが、半面で、こんなにもお金の悩みを抱えた人が多いという事実に驚かされます。

ファイナンシャルプランニングを重ねるたびに実感するのは、「状況が好転しているのはごく一部の人だけ」という、動かしがたい現実です。

その一部の人たち以外は、依然としてお金に対し、大きな不安を持っています。私のところへ相談に来られる方は20～30代が多いですが、まだ若いのに思いつめた顔をして、「将来に明るい兆《きざ》しがまったくない」「老後が怖い」と、身震いしている人も大勢います。

明るい未来が待ち受けているであろう若い世代が、不安に苛《さいな》まれているのを見ていると、とても残念ですし、悲しい気持ちにもなります。


将来を恐れる傾向は、特に「おひとり様女子」の方に強いように思われます。

ファミリーのほうが、教育費などの子ども関係の出費がかさむので、資金繰りはより厳しいはずですが、おひとり様――しかも、「この先一生ひとりかも?」と思っているような人の多くは、「自分ひとりで、一生困らないだけのお金を貯められるのだろうか……」という、強い不安を抱きがちです。

たしかに、おひとり様で一生過ごすとしたら、頼れるのは自分、あるいは親だけです。

親が裕福ならまだしも、そうではないのなら、自分の力だけで一生家計を支え続けなければなりません。

仮に、ひとり暮らし用のマンションなどを購入して、なおかつ老後資金も蓄《たくわ》えるとなると、何千万円という単位のお金が必要です。それを女性が自分ひとりで準備するのは、かなり大変でしょう。

もちろん、男性でも大変なことですが、特に女性の場合は、非正規雇用で働く人（15歳以上の役員以外雇用者）の割合が、労働者全体の中で実に5割を超えています（厚生労働省・平成28年度「国民生活基礎調査の概況」より）。そのため、残念ながら男性よりも収入の少ない人が多いのです。

それでいて、ファッションに化粧品に女子会にと、女性にはお金の使い道がいっぱいあります。

男性のほうがお金を使わない……というわけではないのですが、一般的にいって男性の浪費は「ダラダラ買い」（コンビニや飲み屋などで考えなしにお金を使う）や「大人買い」（突発的に趣味などにドカンとお金を使う）が多く、意識すれば比較的節約しやすい傾向にあります。

これに対し、女性は毎月の美容院やネイル、化粧品、習い事など、いわゆる「固定費」のようにして、定期的に出ていくお金がかさんでいるケースが多く、引き締めは容易なことではないのです。

気分よく毎日を過ごすためにお金を使うのは、決して悪いことではありません。しかし、使えるお金には上限があるので、それを超えてしまうと貯金ができず、将来に暗雲が立ち込めてしまいます。このように考えていくと、おひとり様女子を取り巻く環境は、かなり厳しいといわざるを得ません。

お金のことに目を背《そむ》け続けていると、老後に必ずしわ寄せが来て、つらい思いをすることになってしまうでしょう。自力では生活できなくなって、行政に頼ることにもなりかねません。人生の終盤になって、そんな状況に陥《おちい》ることだけは、絶対に避けたいところです。

そこで本書では、お先真っ暗な将来にならないように、今から考えておきたいことや、できることをお話ししていきます。

第1章では、一生おひとり様で生きていく場合に、どんな出費を想定して、それぞれいくらくらい確保しておけばいいか、明確にし、第2章と第3章では、「おひとり様女子の2大問題」といってもいい、マイホームと老後資金の問題を掘り下げていきます。第4章と第5章では、そうしたお金の問題に対処するため、今すぐにすべきこと、できることをご紹介しています。第6章では、お金を効率的に用意するために身につけておきたい、最低限の金融商品の概要をご説明します。

なお、本編では、おひとり様女子がお金を貯めていくことを「女子貯金」と呼びたいと思います。キホンを押さえて女子貯金をしていけば、ずっとおひとり様でもお金の不安を感じずに生きていくことができます。なお、「今はひとりだけど、将来はわからない」という方にも役立つ情報を盛り込みました。

本書をきっかけに、女子貯金を始める人が増加し、女性の常識として定着していくことになれば、これに勝る喜びはありません。

横山光昭《よこやまみつあき》

もくじ

はじめに……3

第1章 「わたしって一生ひとり？」と思ったら

「わたしって一生ひとり？」と思ったら……15
おひとり様女子にとって、30代は人生とお金の分かれ道……16
将来のお金について考える前に、置かれている環境を知ろう……18
日本の財政状況は火の車。今と同じ環境では暮らせなくなる!?……21
年金は減らされ、保険料負担は増加。幸せな老後は望めない……24
増税＆健康保険料の値上がりで、知らないうちに資産は減少……27
これからを幸せに生きるため、考えなくてはいけないこと……30

おひとり様女子に多い3タイプ―「心配性」「問題先送り」「楽天家」……31
おひとり様女子のライフイベントは2つだけ？……36
ずっと「一馬力」で家計を支えるのは、大きなプレッシャー……44
「おひとり様」はライフイベントが少ないから、貯金習慣がつきづらい……47
実はお金に余裕がある人ほど、お金は貯まらない……49

第2章 おひとり様女子の「マイホーム」問題

……55
「マイホーム」は必要なの？……56
賃貸暮らしは何といっても気軽！……57
年金からずっと家賃を支払い続けられるのか……59
持ち家があることによる安心感は何物にも替えがたい……62
身の丈に合わない物件は重荷になるだけ……66

持ち家選びの注意点① 予算を決めてその範囲内で買う……70
持ち家選びの注意点② 中古物件を選ぶ……74
持ち家選びの注意点③ 将来売る・貸すことを視野に入れる……77
自分の「買える家」の値段に無自覚な人が多い！……83
実家を相続できるひとりっ子は、かなりラッキー……85
必ずしも実家をもらえるとは限らない。家族のしがらみも……87
「実家暮らしはお金が貯まらない」の法則……89
「相続税」という怖い落とし穴……92

第3章 いつくる「老後」のおひとり様生活……93

深刻さを増した「老後」問題……94
おひとり様老後は、5000万円以上必要!?……96

実際に貯めるべき「最低限のお金」を割り出してみよう……100
おひとり様女子の介護費用……106
マイホーム以外の終《つい》の棲家《すみか》、老人ホームも視野に入れておこう……110
国民年金の場合は、毎月10万円以上貯めないと間に合わない……115
収入を増やすためのキャリアアップや転職を考えよう……118
これからの時代、65歳以降も働くのは当然……121
「ずっとひとり」は難しい。兄弟姉妹、友人と繋がっておこう……123

第4章

おひとり様女子の武器は「貯金」

……127
どんな人でも「貯められる人」になれる……128
貯められない人の共通点①「削るところを間違えている」……130
貯められない人の共通点②「出費にメリハリがつけられない」……135

貯められない人の共通点③「家計簿に縛られすぎている」……138
貯められない人の共通点④『自分へのご褒美』が多すぎる」……140
貯められない人の共通点⑤「流行や情報に流されやすい」……143
貯められない人の共通点⑥「ストレス解消法が『散財』になっている」……145
出費を「消費」「浪費」「投資」にわけてみよう……146
女子の出費は区別が難しい―ネイルは浪費？　エステは投資？……153
予算を意識してお金を使えば、必然的に家計は整う……156

第5章 今すぐできる貯金習慣をマスターしよう……161

規則正しい生活は貯金の第一歩……162
家が散らかっている人、「ブタ財布」の人は整理整頓に挑戦を……165
クレジットカードは2枚におさえる……167

現金とデビットカードがあれば、カードなしでも不自由しない……170
1日に財布を開ける回数をカウントしてみよう……174
習慣化しているネットショッピングをやめてみる……176
買い物の5割は、買っただけで満足している!?……179
衝動買いはNG! いったん家に帰って考える……181
孤独を埋めるための通信費&交際費はただの浪費!……184
毎日何らかの「記録」をつけることを習慣化する……186
当たり前の出費を疑ってみる。「あ、これいらないかも」を探す……190

第6章

夫がいなければお金に稼いでもらおう

……193
「使う」「貯める」「増やす」——3つの財布を所有すべし……194
【預貯金】ネットバンクや定期をうまく使おう……200

【国債】日本の国債は低利回りだが、「安全なお金の置き所」としては◎……204
【地方債・社債】地元に貢献できる地方債と、高利回りも期待できる社債……209
【日本株】【外国株】元本保証はないものの、大きな値上がりの期待も!?……212
【投資信託①】少ないお金で分散投資ができる優れた金融商品……219
【投資信託②】ローコストでシンプルなインデックスファンドがおすすめ……224
【投資信託③】積立でコツコツ投資すれば、年利2%も十分可能……229
おわりに……236

編集協力 元山夏香
図版協力 J-ART

第1章

「わたしって一生ひとり？」と思ったら

おひとり様女子にとって、30代は人生とお金の分かれ道

お金のことについて何の心配もしていないという人は、今の時代、きっと少数派でしょう。

この先さらに少子高齢化が進んでいき、あらゆる負担が増えていくことを思うと、心配していないどころか「不安で不安でたまらない！」という人も、大勢いるはずです。

私のところには、日々そんな人たちが相談にやってきます。その中には、まだ結婚されていない独身女性のみなさんが多く、それぞれお金に関しての悩みを持っているのです。

年代としては、もちろん20代や40代以上の方も来られますが、もっとも多いのは30代の方たち。相談者に30代のおひとり様女子が多いのは、30代になると、多くの男女が結婚や出産、マイホームの購入といった、人生の中でも有数のビッグイベントを経験することになるからでしょう。

つまり、**30代になると、「シングル」から「ファミリー」という家族構成に移行する人**

が多数派になっていくわけです。

ファミリーになれば、シングル時代に比べて環境は激変します。その結果、必然的にお金の問題について、あれこれ考えざるを得なくなります。

一方、おひとり様女子の生活は20代の頃とあまり変わらないものの、友人、知人が立て続けに結婚、出産したり、家を買ったりすると、何となくソワソワして、「私って、このままで大丈夫なのかな……？」などと、心配になりがちです。

その結果、「ひとりで過ごす老後も心配だし、ちょっと将来のお金について、ファイナンシャルプランナー（ＦＰ）にでも相談してみようかな？」という感じで、私のところに相談に来てくださる方が増えています。

おひとり様女子の場合、今後も特に結婚願望がなく、子どもにも興味がなかったとしたら、結婚費用や教育費に頭を悩ます人生とは無縁でいられます。

特に、人生の三大出費の一つといわれる教育費の心配をしなくていいのは、ファミリー世帯からすれば羨《うらや》ましい話でしょう。教育費は、子どもひとりにつき１０００万円くらいかかるのが普通なので、それがなければ資金繰りはラクなはずです。

といっても、当然ながらおひとり様女子の人生にも、それなりにお金がかかります。しかも、**そのお金のかかりどころは、ファミリーとは異なります。**

そのわりに、雑誌や本などで取り上げられるのは、ファミリーをモデルケースとした資産形成術ばかりで、おひとり様女子にとって本当に参考になる情報は少ない気がします。

そこで、この章では、おひとり様女子が将来のお金について考える上で、最低限知っておくべきことをお話ししてみようと思います。

将来のお金について考える前に、置かれている環境を知ろう

将来のお金について考えるためには、今、私たちが置かれている環境について、ある程度知っておかなければなりません。そのためには、日本という国の財政状況について、ざっくりとでも理解しておくべきでしょう。

読者のみなさんにはあまり実感がないかもしれませんが、一昔前まで、日本は今よりもうちょっと住みやすい国でした。

会社勤めをしていれば、年齢を重ねるにつれて給料が増えていくのが普通でしたし、定年を迎えれば、たいていの人がまとまった金額の退職金をもらえました。

生活を支えるためには十分な金額の年金も支給され、老後は安泰……。そんな人が、世の中の多数派だったのです。

しかしながら、よき時代はとっくの昔に終わりを告げてしまいました。

まず、20年も続いたデフレ不況の影響もあって、多くの会社は財布のヒモが固くなりました。そのおかげで、今や誰もが順調に昇給するわけではなく、長年勤めていても、**50代以降にむしろ給料を減らされることもザラ**です。

最近は、役職についてバリバリ働いている女性も多いですが、一部の会社では「役職定年」という制度を導入し始めています。役職定年とは、役職者が一定年齢に達したときに、役職を外れるというルールのことです。いってみれば、年齢を理由にお払い箱にされてしまうわけです。

役職を外れると、手当がなくなって給料が大きく減る場合がほとんどなので、勤務先でこの制度が導入されている場合は、覚悟しておかなければなりません。

退職金も、あてにしすぎないほうがいいでしょう。日本経済団体連合会の「2016年9月度退職金・年金に関する実態調査結果」によると、大卒の平均的な退職金は2374万円となっています。

しかし、退職金は人によって大きな差があります。実際にはそんなにもらえず、1000万円以下にとどまる人も多いでしょう。そもそも、退職金がもらえない人だってたくさんいるはずです。

このように、年齢を重ねるにつれて給料が減り、退職金もあまり期待できないとあっては、老後が不安になってしまいます。

老後の頼みの綱といえば年金ですが、残念なことに、**今の日本の財政赤字は、世界最悪レベル**です。つまり、**国には国民の老後を全面的にバックアップするほどの財力がないの**です。

そのため、**年金だけに頼ることもできないのが実情**です。

日本の財政状況は火の車。今と同じ環境では暮らせなくなる!?

今や日本の財政は火の車です。そのおもな要因は、**膨らみ続ける国の「社会保障」負担**にあります。

社会保障とは、国民が「年老いて働けなくなった」「重い病気で医療費がたくさんかかった」などの要因でお金に困らないように、国がおもに経済面でサポートすることを指しています。

その一環として導入されているのが年金であり、健康保険です。

年金があるために、私たちは老後に一定の生活費を受け取ることができます。健康保険があるために、医療費は実費の1~3割を負担するだけで済んでいます。ということは、残り7~9割の医療費は国が負担しているわけですが、近年は高齢化の進行(=健康保険証を提示して病院に行く人の増加)によって、ますます国の医療費負担は増大しています。

年金の支給額も増えていく一方なのに、少子化によって、年金の担《にな》い手である現役世代は減っています。これでは、財政が火の車になるのも当然の話でしょう。
今のところ、日本は不足分を借金で補《おぎな》っています。どうやって借金するかといえば、おもな方法としては国債の発行が挙げられます。多くの人に国債を買ってもらうことで、その代金を社会保障費などに充《あ》てています。

国債で借り入れたお金はいずれ返さなければなりませんが、何度も発行すれば、その度にお金が入ってきます。そうやって**日本という国は、自転車操業的に借金を繰り返し、赤字を拡大させている**のです（国債については、第6章の207ページでより詳しく触れているので、そちらもご参照ください）。

そんな状況がこれから先もずっと続けば、日本はいずれ世界中から信用されなくなってしまいます。そうなれば、最悪の場合、財政破綻《はたん》するでしょう。

もし日本が財政破綻したら、たくさんの金融機関や大企業が潰《つぶ》れ、町中に失業者があふれかえるはずです。極端なインフレが進んで物価が高騰《こうとう》し、多くの人が「今日食べるものに困る」という状況にもなりかねません。

同時に、あらゆる行政サービスがストップする可能性も高いので、満足に医療が受けら

月給40万円で21万円借金しているのが日本

平成29年度　一般会計

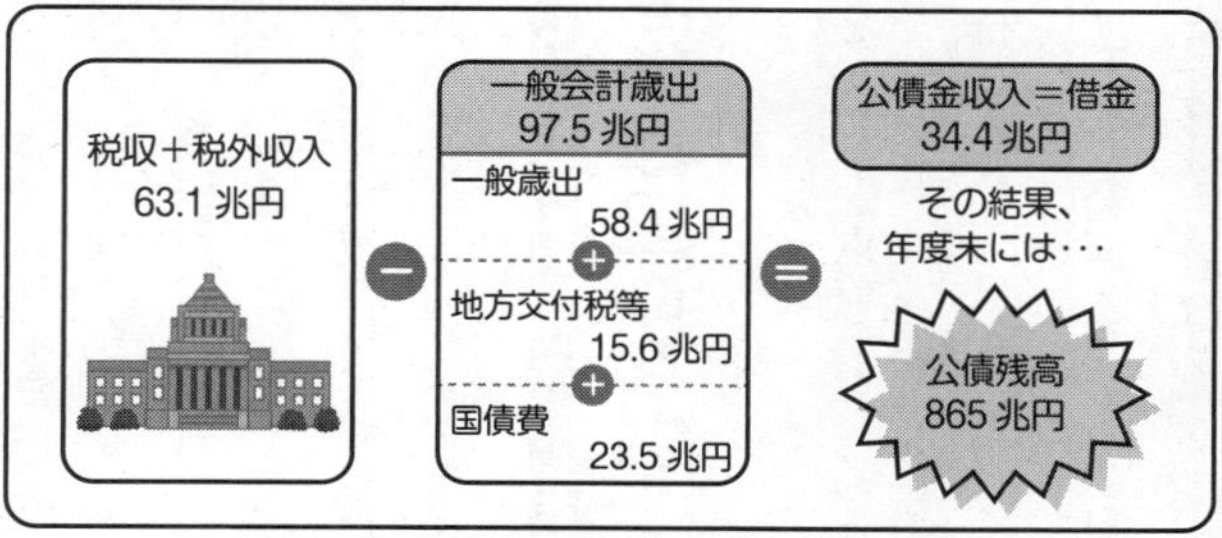

日本の財政を
月収40万円の家計にたとえると・・・

一カ月分の家計

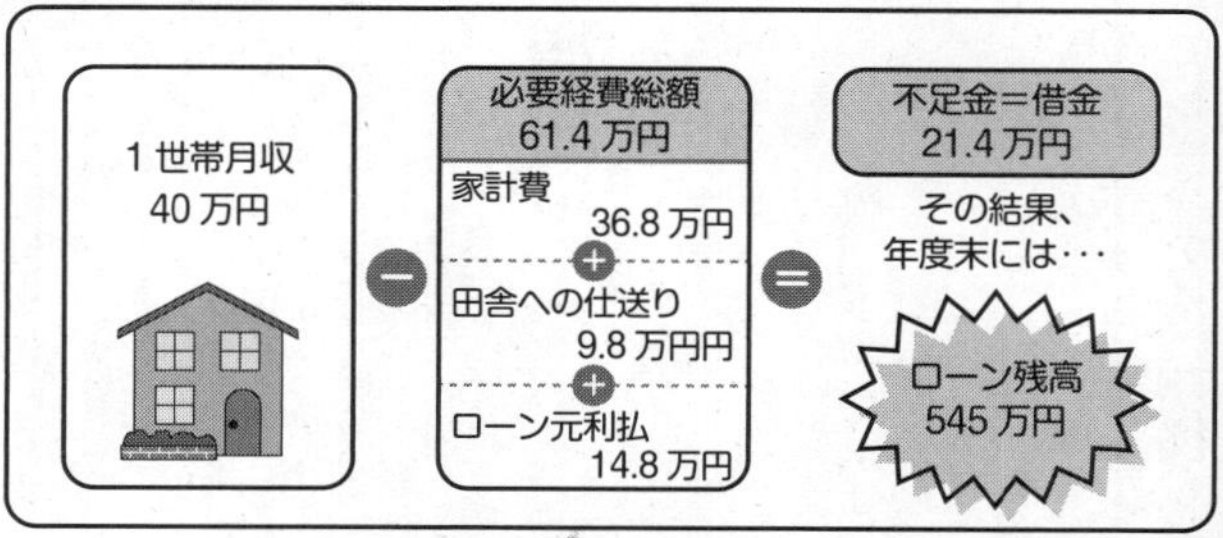

収入に対して明らかに使うお金が多すぎて、借金をせざるを得ず、分不相応の大きな借金を抱えている……という現状が浮き彫りになっています。

れなくなったり、ゴミが回収されなくなって、町が悪臭に包まれたりするかもしれず、それでは国としての体《てい》を成さなくなってしまいます。

そんな恐ろしい状況だけは回避しなければなりませんから、日本政府は出ていくお金を減らし、入ってくるお金を増やすための政策を、次々と打ち出しています。

それが、昨今の年金減額や、増税につながっているのです。

年金は減らされ、保険料負担は増加。幸せな老後は望めない

年金は減らされると以前から言われていましたが、物価上昇率が高まったため、2015年に少し上がり、2016年はそれが維持されました。しかし、2017年は物価変動率や賃金変動率が下がり、年金額も0・1％引き下げられました。

これからはマクロ経済スライド（現役被保険者の減少と平均余命の伸びなど社会情勢により年金額を調整するもの）による調整もされていくでしょうから、今後もどんどん年金支給

額は減らされていくでしょう。
今20～30代の人の場合、**毎年「ねんきん定期便」**などで通知されている年金支給額より、**将来の支給額が20％くらい減らされる可能性も、十分に考えられます。**

ちなみに、厚生労働省のデータによると、シングルの男性会社員の場合、平均的な厚生年金の老齢年金支給月額は約16万6000円です。

年金支給額は現役時代の給与と加入期間によって決まるので、給与が少ない人は、支給額がもっと少なくなります。

女性のほうが、正社員であっても男性より給与が少ない場合が多いので、**シングルの女性会社員の平均的な厚生年金の支給月額は、約10万2000円**という数字になっています。

なお、自営業者や、厚生年金の受給資格のない非正規雇用で働いていた人などの場合、受給資格があるのは国民年金だけになるので、満額納めていても、現状では月に6万円台しか受け取れません。

国民年金だけの人はもちろんですが、**厚生年金の支給月額も現時点ですでに少なく、た**

いていの人にとって、生活を支えるには心もとない金額です。仮に、ここからさらに20％減額されたら、おひとり様女子の場合、年金で月10万円ももらえない人ばかりになってしまいます。

総務省の「家計調査」によると、**60歳以上の女性単身世帯の平均消費支出は月に約15万3000円**となっています。ということは、平均的な生活をするためには、年金だけではまったく足りないのが現実なのです。

心配なのは、支給額が減らされることばかりではありません。

今のところ、年金の支給開始年齢は65歳ですが、これが**70歳くらいまで繰り下げられる可能性も十分にあります**。

また、年金保険料を支払う年齢も、現状は20歳から60歳までということになっていますが、**将来的には65歳くらいまで支払うことになるかもしれません**。

年金が大きく減らされることは目に見えているのに、保険料の負担は大幅に増えると考えると、何だか割り切れない気持ちになってしまいますね。

増税&健康保険料の値上がりで、知らないうちに資産は減少

このように、年金についてはいい話がまったくないのですが、年金にメスを入れただけで、日本の財政状況が改善されるわけではありません。そのため、**政府は増税路線に舵《かじ》を切っています。**

すでに消費税が８％に引き上げられ、その後、景気の状況からなかなか上げられていませんが、今後は10％に上がっていくでしょう。ですが、増税の不安は消費税だけではありません。高所得者を対象に所得税が上がっていますし、相続税も基礎控除の基準が下がり、実質増税されています。

しかも、２０３７年までは復興特別所得税が課せられるので、所得税や住民税に上乗せされる形で徴収されます。給料から天引きされるばかりでなく、預貯金の金利などからも復興特別所得税は差し引かれます。

税金ばかりでなく、社会保険料も値上がり傾向が続いています。

２００４年から段階的に上げられた年金保険料は、２０１７年に値上げが終了し、国民年金保険料では、1万６４７０円となりました。今後は水準の調整で多少上下するでしょうが、いったん落ち着いた形です。ただし健康保険料はかわらず少しずつ上がっています。

そして、自営業者などが加入する国民健康保険料は、自治体によって異なりますが、**一部では、ここ最近「暴騰」と表現されるほど高くなりました。**

会社員の加入する健康保険も、のきなみ引き上げられているので、給与天引きによって手取りがグンと減ってしまった人も多いはずです。

すでに高い健康保険料ですが、この先さらに高くなることはあっても、低くなることは考えづらいので、我慢して負担していくしかありません。

消費税5％時代に比べ、
家計の負担はこんなに増える

●消費増税による家計の負担増

年収	消費税8％	消費税10％
250万円以上〜300万円未満	6万0142円	9万8414円
300〜350	5万2628円	8万6118円
350〜400	5万5546円	9万0894円
400〜450	6万2022円	10万1490円
450〜500	6万6583円	10万8953円
500〜550	7万2948円	11万9369円
550〜600	7万4539円	12万1972円
600〜650	7万6858円	12万5767円
650〜700	8万4278円	13万7909円
700〜750	7万6551円	12万5265円
750〜800	9万4379円	15万4439円
800〜900	9万1095円	14万9064円

※第一生命経済研究所の試算

これからを幸せに生きるため、考えなくてはいけないこと

さて、ここまで日本の現状と、誰にも関係のあるお金の問題をザッとご紹介してきました。初《しょ》っ端《ぱな》から暗い話ばかりで、うんざりさせてしまったとしたら、申し訳ありません。

私自身、こうしたことを考えていると何だか憂鬱《ゆううつ》になってくるのですが、これは目を背けてはいけない現実です。

いずれ海外に永住するというなら話は別ですが、日本で暮らして日本に骨を埋めるつもりがあるなら、現実を受け止めて、自分なりの対応を考えていくことが重要なのです。

このような国で暮らしているからには、**「いざとなったら国を頼ろう」ではなく、できるだけ自分で資産を築き、長い人生を乗り切っていく心構えが必要**でしょう。女性ひとりでも、今、この時点からでも、きちんとした知識があれば、将来余裕を感じられる資産形成はできるのです。

おひとり様女子に多い3タイプ
――「心配性」「問題先送り」「楽天家」

ところが、暗い現実を目の当たりにして、覚悟を決めるどころか、完全に不安に押し潰された状態で、私のところに相談に来られる人もよくいます。

たしかに、状況から見るとはっきりいって「お先真っ暗」に近いですから、不安になる気持ちはよくわかります。

とはいえ、もちろんすべての人がそうだというわけではありません。お金の相談に訪れるおひとり様女子に多いタイプを3つにわけると、次のようになります。

① 何もかもがとにかく不安な「心配性」タイプ

増税、保険料値上がり、ローンに介護……。
私の貯金では無理！　もうお先真っ暗ー

②　漠然とした不安はあるものの、とりあえず目をつぶる「問題先送り」タイプ

アベノミクスの景気回復もいまいち感じられないし、一人で生きていくのはやはり不安……。まぁ、でも周りの友達も貯金ないいって言ってたし、今はあまり考えなくていいか

③　何にも考えていない「楽天家」タイプ

結婚はしてないけど、友達もいるし、仕事も楽しい。この自由は手放せないわ。将来は……まぁ、どうにかなるでしょ！

圧倒的に多いのは②の「問題先送り」タイプですが、①も最近かなり多い印象です。③のタイプは、私のお客さまでは少数派です。

とはいえ、そもそもファイナンシャルプランナーに相談しようと思うのは、お金に対す

る意識がそれなりに高い人が多いので、世間一般に目を向けると、①と③のタイプはだいたい同じくらいの割合で存在しているのかもしれません。

私が特に問題だと思っているのは、①のタイプです。

もちろん、②や③も問題ではあるのですが、このタイプの人たちは基本的に前向きなので、問題解決のために取り組むべきことが見出《みいだ》せれば、うまくやっていけるものです。

これに対し、①のタイプは何をやっても不安を払拭《ふっしょく》できず、極端な節約に走ったり、将来に対して絶望したりと、後ろ向きになってしまうケースが多いのです。

私が家計の相談を受けたおひとり様女子のうち、**「月の食費が1万円以下」**という人を何人か見かけたことがあります。物価が安い郊外在住の人ではなく、みんな都内在住でした。

どの人も「家が農家で、米や野菜がもらえる」などの事情があるわけではありません。徹底的に自炊し、激安食材だけを買い、食べたいものも原則我慢して、1万円以下に抑えているのです。

それを楽しんでやっている人は問題ないのですが、中には悲愴《ひそう》感が漂っていて、「これくらいやらないと貯金できない」と思い詰めている人もいました。これでは健康によくないですし、第一生きているのがつらくなってしまいます。

結局のところ、**「人生は楽しんだもの勝ち」**です。お金は人生を楽しむための一つのツールに過ぎません。そのツールに縛られるのではなく、上手に利用して、もっと人生を輝いたものにしたいですよね。

家計相談に来られた中に、こんな方がいました。その方――仮にAさんとしましょう。Aさんはクレジットカードでのムダな買い物が多く、貯金はほとんどしていませんでした。

Aさんの場合、浪費傾向にある自覚は十分にあり、そのことで自分を責めてもいました。それでも、何となく浪費してしまうクセはなかなか改まらず、お金を使うことに罪悪感さえ覚えている状態だったのです。

そんな最中、Aさんの母親が急な病《やまい》に倒れるという事件が起こりました。医療費がたくさんかかったので、Aさんは何らかの援助をしたいと考えましたが、蓄《たくわ》えがなかったので、それは叶《かな》いませんでした。

このことで非常に悔しい思いをしたAさんは、今度こそ心を入れ替えました。クレジットカードを封印し、貯金ができる範囲内でお金を使うことをきちんと考えるようになったのです。

クレジットカードを使い慣れている人にとって、現金だけで生活することはとても大変なことです。お財布にお札がなくなっていくことに焦《あせ》りを感じますし、ほしいときに持ち合わせがなく、買えないストレスもあると思います。

みなさん、最初はとても苦しみますが、自分の収入内で生活することがどういうことなのかを、身をもって経験することが大切だと気づいてくれます。自分では「ムダ遣いしていないから大丈夫」と安心していても、意外と毎月ギリギリで生活していたという人も少なくありません。

自分で稼いだお金なのだからわかっているはず、と思っていても、実際出て行くお金を見ることで、等身大の生活、身の丈《たけ》の支出がきちんと理解でき、貯金ができる体質に変わってくるのです。

その結果、しばらくしてAさんは貯金ができるようになりました。なおかつ、必要なときには罪悪感を覚えることなく、堂々とお金を使えるように。そう、お金の本当の楽しみ方を身につけたのです。その後は、キャリアアップのための資格取得にお金を投じ、今ではその資格を活用して転職。以前より高給を得ることにも成功しました。

Aさんのように、お金について見直したことで、お金の不安やお金を使うことへの罪悪感を払拭した人は、たくさんいます。お金の使い方が下手で、心配性になっている人でも、ほんの少しのきっかけで変わることはできるのです。

おひとり様女子のライフイベントは2つだけ?

それにしても、人はなぜ過度に心配をしてしまうのでしょうか?

さまざまな問題を抱えているとはいえ、世界的に見ると日本は恵まれた国です。現時点で「明日食べるご飯にも困る」という方は、世界基準で考えるとかなり少ないでしょう。将来的にも、不足のないようにお金を貯めることは、誰しもできるはずです。それなのに、なぜ、不安になるのか。なぜお金のことになると切羽詰まってしまうのか。原因は、次の2点を正しく整理できていないせいだと考えられます。

①将来にどんなことでお金が必要になるのか

②いくらお金を貯めておけばいいのか

まとめてみると単純な話ですが、この2点を把握《はあく》できていないせいで、潜在的な不安が膨らみ、極端な行動に出てしまう人が多いのです。正体のわからないものは怖いものですからね。

しかし、実際に一度きちんと向き合ってみると、「意外とその不安の正体はたいしたことなかった」ということがほとんどではないでしょうか？

重要なのは**「不安の中身を明確にし、その不安をなくすために何が必要なのか」を落ち着いて考えてみることです。**

心配性タイプだけでなく、問題を先送りにしている人や、何にも考えずに楽天的に過ごしている人も、この2点を考えるところから始めてみましょう。

まず①の「将来にどんなことでお金が必要になるのか」。

人生において大きなお金が動くような事柄を「ライフイベント」と呼ぶので、以下はこの言葉を使っていきたいと思います。

ファミリーのライフイベントといえば、結婚や出産、子どもの進学、マイホーム、老後といったところが中心的な項目になります。

これに対し、おひとり様女子の将来に想定されるライフイベントは、いたってシンプルです。

●マイホームを購入する
●（資格を取得するなどして）転職する
●退職する
●セカンドライフ（老後）の開始

以上がおもなライフイベントです。マイホームに関しては買わない人もいるでしょう

一般的なファミリーのライフイベント表

夫	37歳 車購入	38歳	39歳	40歳 住宅購入	41歳	42歳	43歳	44歳 繰り上げ返済	45歳	46歳 車買い替え
妻	35歳	36歳	37歳	38歳 再就職（パート）	39歳	40歳	41歳 仕事をフルタイムに	42歳	43歳	44歳
長男	3歳	4歳 幼稚園入園	5歳	6歳	7歳 小学校入学	8歳	9歳	10歳	11歳	12歳 中学受験準備
長女	1歳	2歳	3歳	4歳 幼稚園入園	5歳	6歳	7歳 小学校入学	8歳	9歳	10歳

夫	47歳	48歳	49歳	50歳	51歳	52歳	53歳	54歳	55歳	56歳 車買い替え
妻	45歳 資格取得	46歳	47歳	48歳	49歳	50歳	51歳	52歳	53歳	54歳
長男	13歳 私立中学入学	14歳	15歳	16歳	17歳 大学受験準備	18歳 大学受験準備・入試	19歳 私立大学入学	20歳	21歳	22歳
長女	11歳	12歳 中学受験準備	13歳 私立中学入学	14歳	15歳	16歳	17歳 大学受験準備	18歳 大学受験準備・入試	19歳 私立大学入学	20歳

夫	57歳	58歳 繰り上げ返済	59歳	60歳 ローン完済	61歳 家のリフォーム	62歳 車買い替え	63歳	64歳	65歳 定年退職 海外旅行	66歳 再就職?
妻	55歳	56歳	57歳	58歳	59歳	60歳	61歳	62歳	63歳	64歳
長男	23歳 就職・独立	24歳	25歳	26歳	27歳	28歳	29歳	30歳	31歳	32歳
長女	21歳	22歳	23歳 就職・独立	24歳	25歳	26歳	27歳	28歳	29歳	30歳

子どものイベントは
いつやって来るかが
わかっているので、それに合わせて
お金の計画が立てやすい。

ファミリーのライフ
プランには
イベントが
目白押し

し、転職もしない人はいますから、誰にもあてはまるのは退職と老後の2つだけでしょう。

「あれ？　これだけ？」と思いましたか？　たしかに、ファミリーに比べると若干寂しいですね。これではあまりにも茫漠《ぼうばく》としすぎていて、マネープランなんて立てる気にもなりませんね。

そこで、もう少し小さなライフイベントも考えてみましょう。やりたいと思っていたこと、起こる可能性がゼロではないもの……、色々とあるはずです。たとえば、次のようなものはどうでしょう。

●海外旅行をする
●マイカーを買う
●親の介護をする
●自分が要介護状態になる

小さいことでもいいので、思いついたイベントを挙げてみてください。人によっては、

一般的なシングルのライフイベント表

自分				
30歳	31歳	32歳	33歳 転職	34歳
35歳 海外旅行	36歳	37歳	38歳	39歳
40歳 マンション購入	41歳	42歳 繰り上げ返済	43歳	44歳 繰り上げ返済
45歳	46歳 繰り上げ返済	47歳	48歳 繰り上げ返済	49歳
50歳 海外旅行	51歳	52歳 繰り上げ返済	53歳	54歳 ローン完済
55歳	56歳	57歳	58歳	59歳
60歳 海外旅行	61歳	62歳	63歳	64歳
65歳 定年退職	66歳 親の介護？	67歳	68歳	69歳

ファミリーに比べて、
圧倒的にお金のかかる
ライフイベントが少ない。

おひとり女子は
自分自身でイベントを
コントロールできる

「ペットを飼う」「田舎や海外に移住する」「老後にカフェをオープンさせる」などなど、大なり小なり人それぞれのライフイベントを賑《にぎ》わせましょう。

私のところへ相談に来られるお客さまにもお願いしていますが、まず自分の人生において、どのタイミングでどんなライフイベントが発生しそうか、一覧表のように書き出してみてください。漠然と考えているだけではなく、**実際に紙に書き出してみる**ことが大切なのです。

たとえば、「35歳で転職」「40歳で自分用のマンションを買う」「2年に一度は海外旅行をする」といった具合です。書き方は41、43ページを参考にしてください。きちんと年齢を設定することで、少しずつこれからの将来が形作られてきます。

そして、だいたい自分が思い描いていることを書き出せたら、それぞれどのくらいお金がかかるか、大まかな金額でいいので調べてみましょう。「家」や「老後」に関しては、本書の第2章と第3章にまとめているので、参考になるはずです。インターネットで調べてみれば、海外旅行の金額も、ほしかった犬の金額もすぐにわかるでしょう。

そのようにして、今後の自分に必要なお金が見えてくれば、一歩前進です。「マイカーを持ちたいと思っていたけれど、車検、駐車場代など意外と維持費が高かった」「介護の

自分のライフイベント表を記入してみよう!

自分				
30歳	31歳	32歳	33歳	34歳
35歳	36歳	37歳	38歳	39歳
40歳	41歳	42歳	43歳	44歳
45歳	46歳	47歳	48歳	49歳
50歳	51歳	52歳	53歳	54歳
55歳	56歳	57歳	58歳	59歳
60歳	61歳	62歳	63歳	64歳
65歳	66歳	67歳	68歳	69歳
70歳	71歳	72歳	73歳	74歳
75歳	76歳	77歳	78歳	79歳

金額は親の貯金を当てにしていたが、それだけでは間に合わなそうだった」など、色々と発見があったのではないでしょうか？

さあ、何となく曖昧《あいまい》だった将来像が少しずつ見え始めてきました。次は、そのお金を用意する方法を考えるステップに移ります。

その方法については、本書の後半でお話しするので、とりあえずここでは、不安を洗い出す作業だけを進めておきましょう。

ずっと「一馬力」で家計を支えるのは、大きなプレッシャー

ライフイベントを整理すると、ファミリーに比べておひとり様女子はイベントが少なく、基本的には「自分のことだけを考えていればいい」ということになります。

というと、何だか気楽そうだと思われがちですが、実はそんなことはありません。**何があろうとも、常に自分で自分の生活を支えていかなければならない——そのプレッシャー**

は、非常に大きいものです。

結婚していれば、夫婦ふたり——いわば二頭の馬で馬車を引いているようなものです。稼ぎ手である大人がふたりいるので、DINKSのことを私は**「二馬力」**と呼んでいます。

結婚していても、妻が専業主婦なら**「一馬力」**ですが、いざとなったらふたりで働き、二馬力にもなれるという安心感はあります。

しかし、**おひとり様女子の場合はどこまでいっても一馬力です。稼ぎ手が増えないので、二馬力のように収入を大きく増やすことはできません。もし、自分が力を出せなくなったら、馬車はストップしてしまいます。**

その場合、頼れるところといえば親しかなく、もちろん親も、いつまでも元気でいてくれるわけではありません。

一馬力で不安なのは、このように自分の身に何かあって、馬車を走らせることができなくなることでしょう。何かというのは、たとえば病気になった、要介護状態になった——といったことです。

もし、病気になって仕事を辞めざるを得なくなったとき。二馬力だったら（かなりつらい状況にはなるでしょうが）何とかなる場合が多いはずです。しかし、一馬力だと、よほど預貯金がない限り、急に生活に困ってしまいます。

あるいは、老後に要介護状態になってしまったとき。配偶者や子どもがいれば、ある程度面倒を看《み》てもらえる可能性が高いですが、おひとり様女子の場合は他人に面倒を看てもらうしかありません。

姪《めい》や甥《おい》などを頼るというパターンもありえますが、それが可能な人は恐らく少数派のはずです。姪、甥だって自分の親の面倒を看なければならないからです。

身内ではなく他人を頼るのであれば、当然お金がかかりますから、**ファミリー世帯よりも多くの介護費用が必要になることもあるでしょう。**

特に、この介護の問題に象徴されるように、**おひとり様女子にはファミリーと異なるお金のかかりどころがあります。**ライフイベントを考えるときは、そうした不安要素も考慮しておかなければなりません。

「おひとり様」はライフイベントが少ないから、貯金習慣がつきづらい

何もかもがとにかく不安な「心配性」タイプの場合、ライフイベントを整理すれば、ある程度心を落ち着けて貯金なり運用なりに励めるようにもなります。

しかし、「問題先送り」タイプや、何にも考えていない「楽天家」タイプの人の場合、頭ではわかっていても、なかなか貯金に向かって踏み出せないという状況にも陥《おちい》りがちです。

たしかに、今20～30代の人に「介護のために、今からお金を貯めたほうがいいですよ」なんていっても、なかなかピンと来ないですよね。介護ばかりでなく、老後資金についても同じです。

年金があまり期待できない以上、老後に少しでも多くのお金を残すためには、今この瞬間からでも、計画的な貯金を始めるべき――なんて話を、どこかで聞いたことはないでしょうか?

もちろん、それは正しい意見です。ただ、それは「いうは易《やす》し」で、**計画的な貯金ほど難しいことはありません。**

私自身、今でこそこんな仕事をしていますが、昔はクレジットカードの無計画なキャッシングで、一時100万円以上の借金を作ったことがあるくらい、お金の管理が苦手でした。今でも、正直にいえばお金の管理が得意になったわけではありません。そのため、クレジットカードは使わないようにしていますし、ムダ遣いしないためのあらゆるルールを自分に課しています。そんな私ですから、お金を計画的に貯めることがどれほど難しいかは、よくわかっています。

さらに、**おひとり様女子はファミリーに比べるとライフイベントが極端に少ない分、貯金へのモチベーションが上がりづらい**という問題もあります。

結婚をすると、否応なしにライフイベントが次々発生します。特に多いのが子ども絡《がら》みのイベントです。イベントがあれば、

「出産費用と赤ちゃんを迎える準備のためにお金を貯めよう」

「もうすぐ子どもが幼稚園に入るから、入園料が必要だ」

などという具合に、目先の目標に向かってお金を貯めようと自然に思えます。

しかし、おひとり様女子にはそのような目先のライフイベントが、ごっそりと抜けています。子どもの養育・教育費という、人生の中でも最大級に大きな出費が発生しなければ、その分、資金的には余裕があるはずですが、**お金を貯めることへのモチベーションが上がりづらいために、切羽詰まるということがない**わけです。

そのため、どうしても貯金習慣がつきづらくなってしまいます。

実はお金に余裕がある人ほど、お金は貯まらない

お金に余裕がある人ほど、むしろ貯められない――そんな傾向は、シングル、ファミリーを問わず見受けられます。

私のところには、わりとよく年収の高い人も相談に来られます。年収が1000万円以

上のエリートサラリーマン、外資系金融マン、医師、また、テレビの企画で売れっ子芸能人の方の相談を受けたこともあります。

彼らはみんな、自由になるお金が多いものの、共通して「なかなか貯金が増えない」という悩みを抱えていました。

とはいえ、どの人も心底から悩んでいる風はなく、「なぜか、いつのまにかお金がなくなっているんだよね。アハハ」などと、あまり気にしていない様子でした。

年収の高い人たちは、「また稼げばいいし、いざとなったら、収入が多いんだから、すぐに貯金なんかできる」という考えが、心のどこかにあるのでしょう。

ですが、**浪費グセのある人は、そんなに簡単に貯められるようにはなりません。「いざとなったら」といってはいても、その「いざ」というタイミングはなかなか来ない**ものです。

本当のお金持ち――自力で1億円以上の資産を稼ぎ出し、しかもそれを年々増やし続けている人を私は何人も知っていますが、彼らには共通点があります。それは「ケチ」だということです。

ケチというと、あまりに言葉が悪いですね。「コスト意識が高い」「倹約家」といったほうが適切かもしれません。真のお金持ちはお金の大切さを知っています。そのため、ムダなことには決してお金を使いません。

たとえば、総資産数億円という、とあるお金持ちの知り合いは、疲れたとしてもみだりにタクシーに乗ったりしません。銀行ATMの利用手数料も支払いません。支払わずに済む方法とタイミングを考えた上でお金をおろします。

飲食店でも、極力クーポン券を使い、もちろんさまざまなカードのポイントも貯めています。何億もの資産を持ちながらも、「10%OFF」のおトク情報を無下《むげ》にしないのです。

つまり、お金があるからといって、お金をやみくもに使い、「またどうせ入ってくるんだからいいや」と考えることがないのです。

その代わり、お金を使うべきところには、惜しみなくお金を使います。その点が、ただのケチとは違うといってもいいでしょう。このように、真のお金持ちは、メリハリをつけてお金を使うことが上手なのです。

一方、お金持ちではなく収入の少ない人はどうかといえば、収入に対して案外貯めている人も多い印象です。

特に、子どもがいるファミリー世帯はそれなりに危機感を抱いていて、「浪費なんかしている場合ではない」と強く感じている人が多いもの。もちろん、例外もありますが、きちんと節約して貯蓄している人がもっとも多いのはこの層です。

おひとり様女子でそれほど収入が多くない人でも、ファミリー世帯に比べれば自由になるお金は多いでしょう。家族持ちのお父さんで、月のお小遣いが1万円以下、もしくはゼロというケースも、家計相談の中では本当に数えきれないほど見てきました。

これに対し、おひとり様女子でそこまで自由に使えるお金がない人は、それほど多くはありません。たとえば、月の手取りが18万円くらいで、家賃や水道光熱費に7〜8万円使い、残りはわりと自由に外食や被服費などに使っている——といった人はよくいます。

おひとり様女子だと実家暮らしのケースも多いのですが、その場合は家に何万円か入れたとしても、給料の大部分がお小遣いになっている人も珍しくありません。

実家暮らしで毎月お小遣いは15万円、ブランド品に高級な服に化粧品、旅行も数カ月に1度は行って……、という優雅なライフスタイルは、おひとり様女子の典型パターンです。そんな生活をしていたら、いきなり財布のヒモを急激に締め上げるのは難しく、貯金をすることに挫折《ざせつ》しがちなのも無理はないでしょう。

このように、おひとり様女子がお金を貯めるのは案外難しく、さまざまな問題をクリアしていかなければならないものなのです。

どうしてもモチベーションがアップしなかったり、あるいは逆に不安で仕方ないような場合は、やはりもう少し具体的にお金の問題について考えたほうがいいかもしれません。

そこで第2章では、おひとり様女子にとっての大きな不安要素の一つである「マイホーム」問題について、そもそも必要か不要かという点も含め、深く掘り下げて考えてみましょう。

第2章

おひとり様女子の「マイホーム」問題

「マイホーム」は必要なの？

「家を買うべきなのか……、それが問題だ」

おひとり様女子にとって、将来を考えるときに、もっとも悩みどころとなるのが、こちらの「マイホーム」問題でしょう。

このまま賃貸で暮らすのがいいのか、持ち家を手に入れるべきか？

私のところに相談に来られるおひとり様女子のほとんどは、このような質問をしてきます。

「賃貸か、持ち家か」、どちらを選ぶべきかと問われれば……、「唯一無二の正解はない」というのが正直なところです。

なぜなら、どちらを選ぶかは好みや考え方次第だからです。都心でバリバリ働いている方でしたら、持ち家ばかりではなく、投資目的として不動産を購入する手もありますし、地元でお勤めの方は、将来実家に戻る可能性もあると思います。

そこで、ここからはそれぞれのメリットやデメリットを挙げていきましょう。持ち家、賃貸のいいところ、悪いところをきちんと理解し、自分のライフスタイルにどちらが合っているか、よく考えてみることが必要です。
また、すべてを踏まえた上で、私自身がどちらをおすすめするのかも、お話ししていきたいと思います。

賃貸暮らしは何といっても気軽！

まず、賃貸暮らしについてお話しします。賃貸暮らしには次のようなメリットがあります。

【賃貸暮らしのメリット】
●何かあったら、気軽に別の場所に移動ができる
●一生同じところに住まなくていい

たとえば、こんな経験はないでしょうか?

近隣にちょっと変わった人が住んでいて、気が合わない。不快な思いをさせられて、もう近所に住んでいたくない。

あるいは、近隣の人がうるさい。家をゴミ屋敷にしている人がいて、窓を開けると異臭がする。

実際に住んでみるまでは気づかなかったけれど、住んでみたら駅から家までの道が暗くて、治安があまりよくなかった。ストーカーに家を把握《はあく》されてしまい、どこかに引っ越したい……などなど。

このようなことがあると、一刻も早く引っ越したくなるものですが、持ち家の場合はそうもいきません。気軽に引っ越せず、我慢しながら一生をそこで過ごすことにもなりかねないのです。

したがって、**気軽に引っ越しができ、一生同じところに住まなくていいというのは、賃貸暮らしの非常に大きなメリット**といえます。

また、**年齢を重ねたら、若いときと同じ場所に住むのが負担になってくることもある**でしょう。

若いときに、「狭くても利便性のよい都心に住みたい」と考えて、若者に人気の街にワンルームマンションを買ったとします。

しかし、年齢を重ねるにつれて、騒がしさに嫌気が差し、また若者ばかり住んでいるワンルームマンションに、高齢者ひとりで住んでいることが、何となくイヤになってくることもあるかもしれません。

そんなとき、**賃貸暮らしであれば、簡単な手続きで郊外に引っ越したり、老人ホームなどに移ったりすることも容易**なのです。

年金からずっと家賃を支払い続けられるのか

しかし、メリットがあればデメリットも当然あります。

それは次のとおりです。

【賃貸暮らしのデメリット】

●いつまでも家賃を支払わなければいけない

●高齢になると引っ越しがしにくくなる

まず**賃貸暮らしで大きなデメリットといえるのは、家賃の問題**です。

持ち家であれば、現役時代に住宅ローンを組み、退職までに完済して、老後は出費を抑えることもできるでしょう。

しかし、賃貸の場合はそうはいきません。**毎月数万円の家賃や更新料などを、年金や貯金から支払っていくことになるので、持ち家の人よりも老後資金が減っていくスピードは確実に速くなります。**

もちろん、家を買わない分だけ現役時代の出費が少なくなるので、その分多く貯金ができるはずですが、それはあくまで理屈上の話です。「家を買わないのだから、老後に向けてたくさん貯金しておこう!」ときっちり計画できる人、計画を実行に移せる人は、実のところかなり少数派なのではないでしょうか?

それに、**大きく収入が増える見込みのない老後に、毎月急ピッチで貯金が減っていくと**

いうのは、大きな精神的負担になり得ます。

現役時代は、原則として増えていくものだった貯金が、老後は減っていく一方になるわけですから、ストレスを感じるのは当然です。賃貸だと、そのストレスは倍加されると考えられます。

2つ目のデメリットは、年を重ねるごとに、賃貸契約がしにくくなるということです。今のところ、一般的にいって、ひとり暮らしの高齢者は賃貸物件の契約がしづらくなっています。なぜなら、**大家業を営《いとな》む人たちは、自分の物件で死人が出ることを嫌う**からです。

自殺、他殺はもちろん、老衰による自然死であっても、人が死んだ物件は借り手がつきづらくなる場合があります。家賃を大幅に下げることで、何とか入居者を確保しているような例も少なくありません。

そのため、**高齢者であるというだけで、契約してもらえないことはよくあり、そのおかげで引っ越したくても引っ越せない状況になっている人もいます。**

ただし、今は高齢化の時代であると同時に、人口減少の時代でもあります。高齢者をすべてはじいていると、大家としては高い空室リスクを負うことになるので、今後、徐々にこの問題は解消されていく可能性も大いにあるでしょう。

持ち家があることによる安心感は何物にも替えがたい

続いて、家（マンション・一戸建てなど）を買うことのメリットとデメリットを考えてみましょう。

まず、メリットとしては、次のようなものが挙げられます。

【持ち家のメリット】

●一生住むことのできる場所を確保することで、安心感を得られる
●ローン完済後は、出費を大きく減らせる
●持ち家は資産なので、いざとなったら転売・転貸できる

持ち家があれば、老後の生活が多少苦しくても、とりあえず住むところだけはキープできるという安心感があります。

特に、ローンを完済してしまった後は、多少の管理費や修繕積立金の負担だけで済むので、まとまった住居費を支払う必要がありません。老後に支払うお金を最低限に抑えて、ストレスの種を減らすことができます。

ちなみに、**持ち家を買った場合と、同じような条件の物件を借りた場合で、生涯に支払うコストはどちらが高いのかを比べてみると、長生きしなければ大差ない**というデータもあります。具体例は65ページを参照してください。

したがって、持ち家と賃貸でどちらがトクかソンかというのは一概にいえないのですが、少しでも安心感を得たい人は持ち家を選んだほうがよく、身軽なほうがいいと考える人には、賃貸がベターといえます。

参考までに、私自身はどうしているかといえば、今は賃貸の一戸建てに住んでいます。なぜ買わないのかたまに尋ねられますが、将来、今とは違う場所に住んでみたいという思いがあることに加え、いずれわが子（6人います！）が巣立ったら、今と同じサイズの家は不要になるからです。

ただ、持ち家から得られる安心感が、何物にも替えがたいのは事実です。そのため、おひとり様女子のみなさんにアドバイスするとしたら、**「持ち家を買ったほうがいい」**というでしょう。

やはり、老後の住居費のことまで考えて、現役時代にお金を貯めるのは大変ですし、老後に貯金を計画的に取り崩していくというのも、かなり難しい作業です。それを考えると、収入の多い現役時代に一気にお金を使って、住むところを確保しておいたほうが安全だからです。

また、**持ち家のいいところは、「住む」「売る」「貸す」という3つの選択肢があること**です。何らかの事情で買った家から離れる必要が出たときは、売るなり貸すなりして、お金に換えることができます。

たとえば、親の介護の必要があって、急遽《きゅうきょ》実家に帰らなければならなくなったようなときでも、持ち家をうまく賃貸に出すことができれば、定期収入を得ることにつながるのです。

持ち家と賃貸の支払総額はそこまで変わらない

●持ち家VS賃貸　支払金額予想（概算）

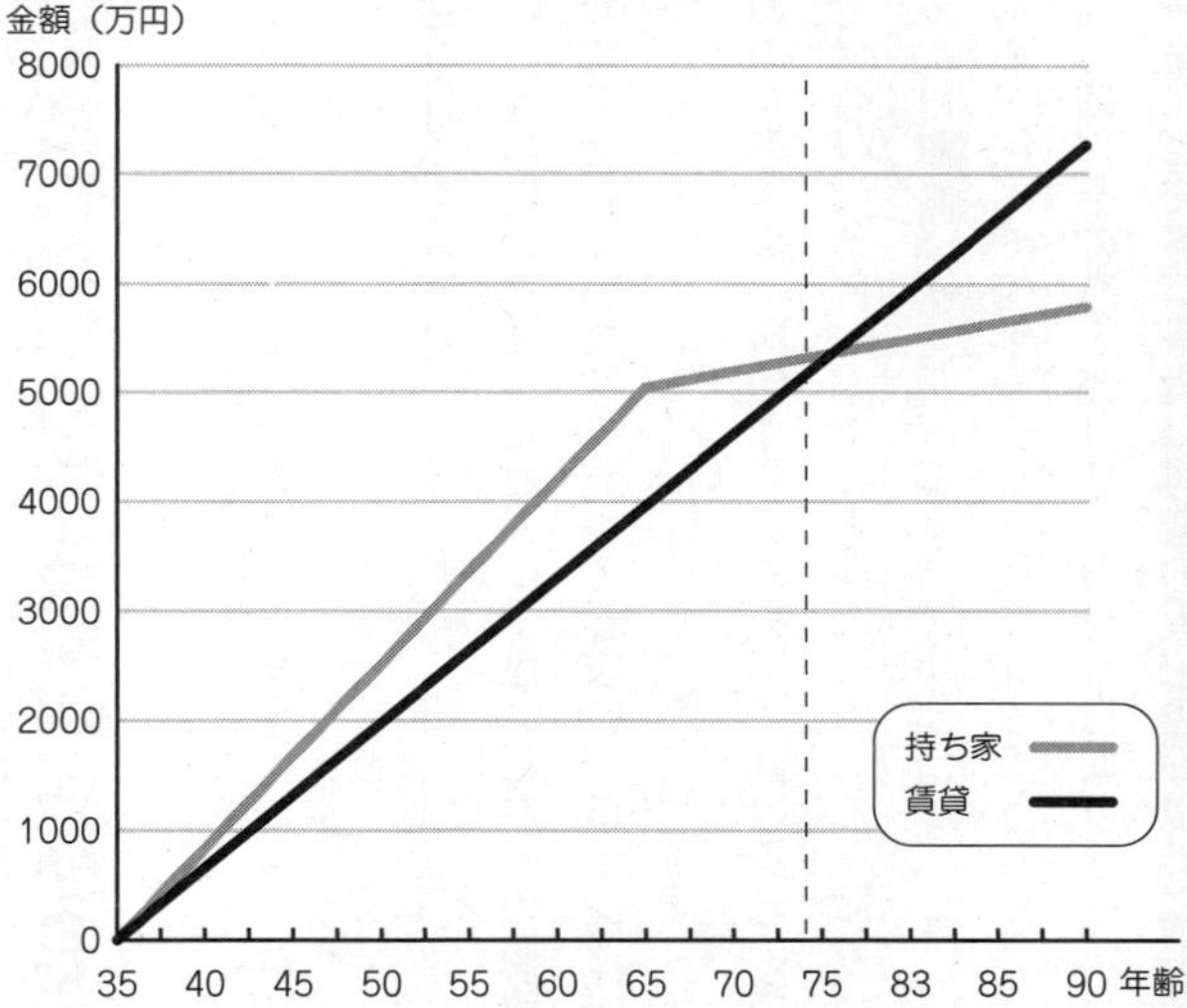

【グラフの条件】
※賃貸家賃：11万円／月
※住宅ローン条件：借入額3500万円／30年ローン／年利2.5%／元利均等／ボーナス払いなしの場合でシミュレーション。グラフは14万円／月で作成しました。
※住宅ローン返済完了後について：65歳以上はリフォーム等も考慮の上、年間30万円かかるという条件で作成しました。

（万円）

	月11万×12ヶ月 132	月14万×12ヶ月 168
年齢	賃貸	持ち家
35	0	0
40	660	840
45	1320	1680
50	1980	2520
55	2640	3360
60	3300	4200
65	3960	5040
70	4620	5190
75	5280	5340
80	5940	5490
85	6600	5640
90	7260	5790

身の丈に合わない物件は重荷になるだけ

ただし、持ち家にもデメリットはあります。

【持ち家のデメリット】

●売りたい、貸したいとなったときに、思いどおりの値段がつかない場合がある

●つい身の丈に合わない物件を買ってしまい、ローン返済が苦しくなりがち

まず、**買った家を後々買値より高く売って儲《もう》けるというのは、ほぼ不可能**です。特に新築で買った場合は、地価が劇的に上がりでもしない限り、買って数年で値崩れします。家というのは、時間の経過とともに傷《いた》んでいき、それと同時に価値も下がっていきます。そのため、住んで何年も経《た》った後に売ろうとしたところで、通常は高く売れないのです。売る場合は、その点を割り切らなければなりません。

また、貸すにしても、最近は専業の大家さん以外に、サラリーマンでワンルームマンションの貸し出しをする兼業大家さんも増えています。そのため、**ワンルームなどの単身者向け物件の貸し出しはライバルが多く、よっぽど条件がいい（場所がいい・家賃が安い）物件でなければ、入居者が入らない**こともよくあります。

入居者を確保するために家賃を下げざるを得ず、ローンの返済分に達しなくて赤字になってしまったという話も、決して珍しくはありません。

特に、収入に対して高すぎるマンションを買ってしまって、ローンが高額に及んでいる場合は大変です。

新築マンションのショールームを見学に行くと、おしゃれなインテリアに最新の設備がしつらえられ、即座に「ここに住みたい！」と思うこともあるでしょう。

ショールームは購買意欲を刺激するために、プロがインテリアコーディネートをしているのですから、素敵に見えて当然です。ただ、そのショールームマジックに引っかかって、**妥当な予算をオーバーする物件を買ってしまうと、ローン返済に長年苦しむことになります。**

私のお客さまでも、ほとんど頭金を入れず、新築マンションを買ってしまった方がいました。39歳のおひとり様女子・派遣社員の方です。仮にBさんとしましょう。

Bさんは年齢的に一生独身でいることを想定し、「家賃を払い続けるなら、住宅を購入しよう」と考えました。そこまではいいのですが、その時点でBさんの貯金は30万円にも満たない状態でした。

本当だったら、とりあえず貯金から始めるのが先決なのですが、Bさんは不動産会社のセミナーに足を運ぶことから始め、価値が下落しにくいマンションの内覧会などにも参加するようになったのです。

結果、Bさんはまったくお金が貯まらないうちに、都内の人気エリアにある新築ワンルームマンションを約3500万円で購入。ワンルームで3000万円以上というのは、豪華なマンションの部類に入るはずです。

貯金がなかったので、Bさんは頭金なしで35年という長期のローンを組んでしまいました。月々の返済額は14万円ほど。Bさんは月の手取りが30万円程度だったので、手取りの約半分がローン返済に消えることになりました。

このままいくと、住宅ローンは70代の半ばまで続くことになります。それを阻止するためには繰り上げ返済（毎月の返済とは別に借入金を返済すること）するしかないわけですが、Bさんの場合は毎月の返済額が多いので、貯金して繰り上げ返済をし、返済期間を短縮するというのはかなり難しいでしょう。

したがって、Bさんはローン返済中ずっと思うように貯金ができず、老後資金はほぼゼロという不安な状態で老後に突入することが必至なのです。それどころか、退職した途端に返済できなくなるリスクも濃厚です。

舞い上がって買ってしまったものの、冷静にこの事実を直視し、後悔したBさんは、今では売却も検討しています。しかし、前述のとおり、新築の物件の価値は下がるもの。そのため、売れば何百万円という損失を抱えることになるわけで、どうしても売るに売れない……と苦しんでいます。

Bさんの例を見て、みなさんは「こんな馬鹿げたことをするなんて、どうかしている」と思われるかもしれませんね。ですが、実はこのような人は非常にたくさんいます。

この例からもわかるように、**持ち家は人生の中でも特に慎重になるべき買い物ですが、舞い上がって誤った判断をしがちな買い物でもある**といえるでしょう。

持ち家選びの注意点①
予算を決めてその範囲内で買う

さて、家を買うにあたっては、

① 事前に予算を決めること
② その予算を確実に守ること

この2つが非常に重要です。

それでは、予算をどのようにして決めたらいいのか――ということになりますが、**よくいわれる目安は、その人の年間所得の5~6倍**です。仮に手取りが年300万円なら、1500万~1800万円くらいの出費が妥当ということです。

加えて、不動産を買う際には、土地建物の価格とは別にさまざまなコストがかかり、これは基本的に現金で用意する必要があります。**諸費用は、目安として新築物件で物件価格**

の3～7%、中古物件で物件価格の6～10%かかるといわれます。

中古物件のほうが、仲介手数料の分、コストは新築より高くなりがちですが、新築でも仲介業者の手数料が発生する場合は、中古物件と同じくらいかかります。そのため、諸費用は大体物件価格の10%程度と想定しておけばいいでしょう。

1800万円の物件を買ってしまうと、諸費用の上乗せによって、実際にかかるお金は2000万円近くなります。予算を守るのであれば、1600万円程度までの物件なら買っていいということになるわけです。

といっても、この金額を丸々借金していいわけではありません。なるべく、**頭金として、物件価格の20～30%は前払いできるようにしておきましょう。**1500万円の物件なら、300万～450万円程度です。

当然ながら、頭金が多ければ多いほど、借金は減らせます。借金を減らし、**60歳までに15～20年かけて、無理なく返済していくのが理想**です。60歳以上になると、勤めていても給料を減らされる場合が多いので、完済の年齢は60歳を目安としておきましょう。もちろん、それより早い分にはまったく問題ありません。

逆に頭金が少ない場合、予算を守っていても、場合によっては返済がきつくなるかもしれません。そのため、**家を買いたいと思ったら、まず頭金を貯めるのが鉄則**です。頭金が貯まらないうちにショールームに見学に行き、ついフラフラと契約してしまうパターンもよく耳にしますが、絶対にNGです。

物件は日々売買されているので、気に入った物件があっても、お金が貯まる前に売れてしまうことはよくあります。不動産業者も「早く買わないと売れてしまう」といったことを囁《ささや》いて、早めに買わせようとしてきます。

そうなると、頭に血が上って契約してしまい、多額のローンを背負うことになりかねません。このような事態を防ぐためにも、**基本的にお金が貯まるまでは、物件探しをしないほうがベター**です。

予算オーバーな物件を買うと
月々の返済がきつくなる!

たとえば…
40歳おひとり様女子が頭金200万円を出し、諸経費込みで2500万円のマンション(借り入れは2300万円)を買う場合

前提条件

ローンの借り入れ金額	2300万円
ボーナス払い	なし
返済方法	元利均等返済
返済期間	25年
金利タイプ	全期間固定
金利	2%

※その他、諸手数料などは考慮しないものとする。

毎月の返済額:
9万7486円

完済時の年齢:
65歳

都心部などでは、ひとり暮らし向けマンションで、新築2000万円台の物件は少なくありません。「これくらいなら手が届くかも……」と思う人もいるかもしれませんが、頭金が少ない状態で買うと、毎月の返済額は10万円弱に。収入が多いならともかく、そうでない場合は大きな出費です。しかも、定年までそれが続くと、繰り上げ返済はおろか、老後に向けての貯金もできず、不安な状況に陥ってしまいます。

持ち家選びの注意点②
中古物件を選ぶ

予算を決めると、おのずと買える物件は限定されてきます。都内で通勤に便利な場所にマンションを買おうと考えたなら、仮に1500万円前後の予算を設定すると、新築の物件を見つけるのはなかなか困難です。

新築でなければ、中古の物件を選択することになります。**新築にこだわる人も多いですが、価格でいえば、中古物件のほうが圧倒的に安くなります。**

通常、不動産の価値がもっとも高いのは新築したばかりのときです。新築物件はたしかにきれいですが、不動産業者などの利益分が大いに上乗せされているので、価格は割高に設定されています。

新築物件が誰かの手に渡り、それから時間が経過していけば、少しずつ値下がりしていくか、一気に値崩れしてしまうのが普通です。したがって、**買うならば新築よりも、誰かが住み替えなどのために売りに出した中古物件のほうが、ずっとおトク**なのです。

そのため、「どうしても誰か別の人が住んでいたところはイヤ」という人以外は、中古物件を探すことをおすすめします。中古を選べば、新築よりも安く、また面積が広かったり、駅から近かったりと、条件のよい物件にめぐり会うこともできるでしょう。

ただし、その家を終《つい》の棲家《すみか》と考え、長く住むつもりでいるのなら、価格以外のいくつかの点に注意してください。

まず、**あまりにも築年数が古すぎる物件は、原則として避けましょう。**もし、現在35歳のおひとり様女子が、今後50～60年くらい住むつもりで物件を買うとします。そんなとき、物件が購入時点ですでに築50年だったとしたら、住んでいるうちに老朽化がかなり進んでしまいます。

適切に修繕をしていれば持ちこたえるのでしょうが、地震の多い日本で古びた家に住み続けるというのは、将来の大きな不安要因になり得ます。そのため、できれば築浅《ちくあさ》（築10年以内など）の物件を選んだほうがいいといえます。

また、**今の自分が住みたいという視点だけで物件を選ばず、将来的にも住んでいけるような場所かどうか**も考えましょう。近所に大きな病院やスーパーがあって、街の雰囲気も静か……、など、年齢を重ねたときにも住みよい生活環境であるかどうかは、必ず気にしておくべきです。

今の職場に通勤しやすいだけでなく、実家や親しい友人、知人と行き来しやすい場所を選ぶのもポイントです。自分が歳を重ね、親が老齢になれば、おのずと実家を訪ねる頻度も高くなりがちなので、そういったことも考慮した上で家選びをしてください。

実際に、中古のマンションを買って、生涯の安心を手に入れたCさんの例をお話しします。職業は公務員、堅実な性格で倹約も得意というCさんは、まだ28歳の若さでありながら、すでに中古のマンションを保有しています。

Cさんは、母ひとり子ひとりの家庭で育ちました。そのため、いずれ自分が母親の面倒を看るという意識を早くから持っており、母親とふたりで住めるマンションの購入に踏み切りました（実家は賃貸のマンションでした）。

購入したマンションの価格は2500万円ほどで、ワンルームではなくファミリーでも住めるような広さです。購入時に支払った頭金は、なんと1200万円にも上りました。親の援助ではなく、すべてCさんの貯金です。

Cさんは大学卒業後、実家暮らしを続けながら、給料の半分とボーナスの大半を貯金に回し、約5年で1500万円を貯めたそうです。マンションを買うときには、いざというときに備えて貯金を一部残し、1200万円を頭金に充てました。

頭金が多かったので借金は少なくて済み、月々の住宅ローンは、以前の実家の家賃よりも少額となったそうです。おかげでCさんは、貯金をしては繰り上げ返済し、10年以内に完済することも視野に入れています。

10年以内に完済すると、その頃まだCさんは30代です。30代でローンの重荷がなくなれば、ある程度好きなことにお金を使う余裕も生まれ、なおかつ老後のお金も無理なく貯めていくことができるでしょう。うらやましいほど、盤石の人生設計ですよね。

持ち家選びの注意点③
将来売る・貸すことを視野に入れる

基本的に、家を買うときにはずっと住み続けることを前提にするはずです。それでも、不測の事態で住み続けるのが難しくなることもあります。

もっともよくあるパターンは、「急に結婚することになった」というもの。結婚によってひとり暮らし用のマンションが手狭になってしまった場合は、売るか貸すしかありません。

また、**親が認知症などになって、介護が必要になるケース**もよくあります。

厚生労働省のデータによると、全国の高齢者数は３４５９万人強で、そのうち約15・5％にあたる人が認知症であると推計されています。高齢者というのは65歳以上の人を指しますが、これが85歳以上になると、27％以上が認知症と診断されています。

そのため、おひとり様女子のみなさんが50代くらいになった頃、親が認知症になって、要介護状態になる可能性は極めて高いといえるのです。

認知症の症状にもよりますが、多くの場合は親と一緒に生活をして、身の回りの世話と家事の一切を引き受けることになるでしょう。ヘルパーさんなど、介護のプロの手を借りるにしても、よっぽど実家から近くない限り、自分の家を出ることになるはずです。

実家に戻れば住居費はかからないので、住宅ローンの返済に困ることはないかもしれませんが、仕事を辞めざるを得なくなることもあるでしょう。その場合、せめて家を誰かに貸すことで、家賃を得たいものです。

物件を選ぶときには、こうした不測の事態に売ったり貸したりすることも視野に入れておくことをおすすめします。

売るにしても貸すにしても、何より重要なのは立地です。比較的便利で人気のある駅が近く（徒歩10分以内）、買い物が便利で、治安も悪くない場所であれば、値崩れしにくいので、借り手も買い手もつきやすいでしょう。さらに、大きな公園などに面していれば理想的です。

そのほか、近くにお墓や火葬場、ゴミ処理場、風俗店などの、いわゆる「嫌悪施設」がないことも重要です。一般的にいって、そのような施設の近くの物件はあまり高くは貸せないし、売れないからです。第一、みなさんご自身もあまり住みたくはないでしょうから、物件選びの際には気を付けてください。

もし貸すことになった場合は、ローンの返済額を上回る金額で貸したいところですが、**欲張りすぎずに家賃を安くすることが、入居者を確保するコツ**です。

賃貸物件を探している人は、立地と家賃の2点を重視している人が大半なので、相場よりも多少家賃を下げるか、場合によっては敷金、礼金を無料にするなどの工夫をすれば、途切れなく入居者を確保できるでしょう。

私のお客さまでも、不動産投資に成功されているおひとり様女子の方はいます。

50代のDさんは会社員ですが、月の手取りは20万円にも達しません。しかし、非常に熱心に勉強した末に投資用物件を買い、順調に家賃収入を得ています。物件をいくつか保有しているので、ローンを返済しつつも大きな収入が手元に残り、その額は本業の手取りを大きく上回っています。

Dさんがすごいのは、実際に不動産を買う前に、ものすごく勉強をして、慎重に取り組んだことです。舞い上がって何となくよさそうなところを買う……という人が多い中、Dさんは石橋を叩《たた》きに叩いてから一歩を踏み出し、そうして成功を摑《つか》むことができました。

逆に、そこまで勉強することなく、不用意な行動で不動産投資に失敗したEさんという人もいます。Eさんは老後に年金を補完する形で家賃収入が得られるようにと、ローンを組んで2500万円の投資用ワンルームマンションを買いました。このとき、頭金として

大損せず転売・転貸しやすい物件の条件

① 立地がよい

- 最寄駅から徒歩10分以内
（できれば急行が停車するとなお◎）
- 都心部への交通アクセスがよく、利便性に優れる
- 人気路線沿いの人気エリアに位置している
- 周辺エリアの人口はずっと増え続けている
- 近隣に問題のある住民がいない。
あるいは嫌悪施設がない

② 建物がよい

- 1981年以降に建てられている
（新耐震基準を満たす）
- 管理が行き届いていて、共用部分が清潔に維持されている
- 管理費が高くない
（総戸数が多い物件は値上げしにくいのでよい）
- 日当たりがよい
- セキュリティーに配慮されている
- 室内はよく手入れされていて、
傷みが比較的少ない

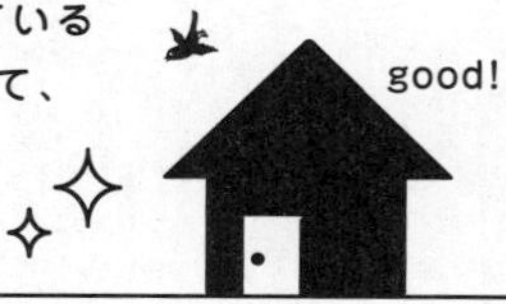

500万円ほどのお金を入れました。

購入時は、不動産業者に「このマンションは絶対借り手がつきますよ」と太鼓判を押されたそうですが、フタを開けてみるとなかなか空室が埋まらずに困窮する羽目になってしまいました。

結局、空室が長く続き、人が入ったと思ってもすぐにまた空いてしまう……、を繰り返し、このまま保有していても持ち出しが多すぎるということで売却することになりました。その結果、ローンの残高は何とかなくすことができましたが、500万円の頭金の大部分は戻ってこないくらい損失を出してしまったのです。

Eさんの敗因は、やはり勉強不足だと思われます。不動産業者は商売なので、買わせようとしてさまざまなセールストークをします。それを鵜呑《うの》みにするだけでは、本当にいい投資物件は見つけられないことを、よく覚えておいてください。

自分の「買える家」の値段に無自覚な人が多い！

ここまで色々と、おひとり様女子のマイホーム問題についてお話ししてきました。家のように大きな買い物は、その人の人生を大きく狂わせる要因になりかねません。先日も、45歳のおひとり様女子の方から、

「頭金なしで2500万円の中古マンションを買いたいと思うんですけど、先生、どう思われますか？」

という相談を受けました。

話を聞くと、検討中だというマンションは、都内でもかなり人気のあるエリアに位置している好物件のようでした。しかし、問題だったのは、その方に貯金が200万円くらいしかなかったことです。先ほど出てきた、貯金なしで高いマンションを買ったBさんと同じパターンですね。

45歳で200万円しか貯まっていないとなると、この先老後資金を蓄《たくわ》えていくのが大変

です。にもかかわらず、頭金なしで2500万円のマンションを買ったとしたら、実質的には3000万円近い借金を背負うことになります。

年収は400万円前後だったので、45歳でローンを組み、3000万円を60歳までに返済するというのはかなり難しくなります。ということは、ローン返済は定年後も続いていくことになるでしょう。

そう考えると、土台無理な話であるにもかかわらず、その方は「2500万円くらいなら、何とかなるだろう」と考えているようで、その危機意識の低さが非常に心配になってしまいました。

この例のように、**自分の買える物件の価格、あるいは年齢と照らし合わせて、自分が貯めておくべき貯金額をしっかり認識していない人は少なくありません。**

この方は、幸い私に相談してくださったので、止めることができましたが、誰も止める人がおらず、身の丈に合わない買い物をして、老後に困り果てる人は非常に多いはずです。

実家を相続できるひとりっ子は、かなりラッキー

家の問題に関してもっとも悩む必要がなく、恵まれた状況にあるのは、実家を継げる人でしょう。

「実家が辺鄙《へんぴ》な田舎にあって、住みたくない」といった場合は、継いでも売却することになるでしょうが、実家が好き、あるいは便利な場所にあって、しかもひとりっ子であれば、高い確率で実家を相続して住むことができます。

実際、おひとり様女子で、社会人になった今もなお実家に住み、「いずれは両親の面倒を看ながら、ずっとこの家で暮らし続けたい」と考えている人は多いのではないでしょうか。

「社会勉強のためにひとり暮らしをしたほうがいい」といった一般論はさておき、お金の面についてだけいうなら、できる限り実家で暮らしたほうが、貯金はしやすくなります。

そのため、**それが許される状況の人は、できるだけ実家を活用すべき**だと私は思います。

多少の家賃や食費を入れるにしても、実家で生活していれば、固定費はあまりかかりま

せん。

つい最近、相談者で「実家暮らしで家に毎月7万円入れている」という方がいました。毎月たくさんお金を入れていて偉いと感じましたが、その中には家賃、食費、水道光熱費、日用品費などが含まれているわけですから、ひとり暮らしの人に比べると負担は大幅に少ないわけです。

そのため、実家に暮らし続ければ、理論上はお金をかなり貯めることができます。さらに、将来的に実家を相続すれば、修繕費用などを除くと、特に住居費が発生するわけでもないので、老後のお金に困ることはまずないはずです。

このような理由から、おひとり様女子の家問題を考える上で、もっとも有利なのは実家を継げる人だということができます。「継いだとしても住まない」という場合でも、家を売却すれば、ある程度まとまった資金を受け取れるので、安心感はかなり大きいでしょう。

必ずしも実家をもらえるとは限らない。家族のしがらみも

ただし、ひとりっ子ではなく、**兄弟姉妹がいる場合は、無条件に自分が親の家を相続できるわけではない**ので、注意しておかなければなりません。

相談者の方からよく聞くのは、「兄弟姉妹は結婚して自分の家を買っているし、親の介護はどうせ独身の私がやるのだから、家くらいもらえるはず」といった言葉です。

たしかに、親と同居のおひとり様女子が、将来親を介護する確率は高いもの。が、**介護を担当したからといって、遺産を多くもらえるという法律はありません。**有効な遺言があれば別ですが、そうでない場合、遺産は兄弟姉妹で均等に分割して受け継ぐことになっています。遺言がなくても、兄弟姉妹が「介護をやってもらったんだから、実家はあげるよ」などと温かい言葉をかけてくれればいいのですが、そんなことを気軽にいえるほど、懐《ふところ》に余裕がある人は少ないでしょう。

また、兄弟姉妹がそういってくれたとしても、その配偶者が相続権を主張して、話し合

ましょう。

るわけではないということは、（たとえ割り切れない気持ちになったとしても）自覚しておき

相続が「争族」になってはたまらないので、介護で苦労をしても、無条件に家をもらえ

いが決裂するというのも、よく聞く話です。

親の相続財産を兄弟姉妹とわけることになった場合、どうしても家をもらいたいなら、相応の現金を兄弟姉妹に配分する――などの方法を採《と》る場合が多くなっているようです。

仮に、実家の土地や建物の評価額が3000万円だったとしましょう。それを子どもふたり（たとえば、実家に住むおひとり様女子と、実家から出ている弟など）でわけるとしたら、ひとりあたり1500万円の取り分になります。

おひとり様女子がそのまま実家に住み続ける場合、実家から離れて住んでいる弟が1500万円の取り分を主張したら、おひとり様女子のほうは、その1500万円を渡さなければなりません。

親から受け継いだ預貯金（もちろん、これも弟と折半です）で何とかなるならいいですが、相続財産が不動産だけだった場合は、自分の預貯金から1500万円を捻出《ねんしゅつ》するこ

となります。

それができなければ、家を売って分割する必要が出てきます。家を弟と共有名義にする――などの方法もありますが、その場合、家賃を弟に請求されたら、支払わなければなりません。

つまり、**売却するにしても、家賃を支払うにしても、相続の発生によって、住まいをめぐる状況が大きく変わる可能性は大いにある**のです。

「実家暮らしはお金が貯まらない」の法則

先ほど、実家暮らしは貯金がしやすいという話をしましたが、**逆に実家暮らしの人ほどお金が貯めにくい**という現象も見られます。

なぜかといえば、**実家に暮らしているとつい油断をして、浪費しがちになる人が多い**からです。

実家暮らしでも、家に食費などを入れている人は大半でしょうが、前述のようにそれもひとり暮らしをしている人に比べれば微々たるものであることがほとんどです。ということは、使えるお金が多いわけで、それをすべてお小遣いのように捉《とら》えてしまう人も少なくありません。

ひとり暮らしの場合、つい浪費しすぎてしまったときには、「今月の食費がピンチ！」といった具合に切迫した状況に追い詰められるので、ひとり暮らし歴を重ねていくうちに家計管理がうまくなっていくこともあります。

しかし、実家暮らしだと、浪費しすぎたときでもご飯を食べられないようなことはありませんし、水道や電気が止められる恐れもありません。切迫した状況になりづらいために、浪費の反省をすることがなく、ダラダラとお金を使ってしまう人を、これまでに何十人、何百人と見てきました。

「将来は実家に住めばいいし、老後資金をちょっと残しておけば、あとは使ってもいいでしょ！」

という楽観的な人もいます。ですが、**古い家は修繕が必要になるものですし、加えて相続税や固定資産税のことも忘れてはいけません。**

相続税を支払う必要がある人は大幅に増える!

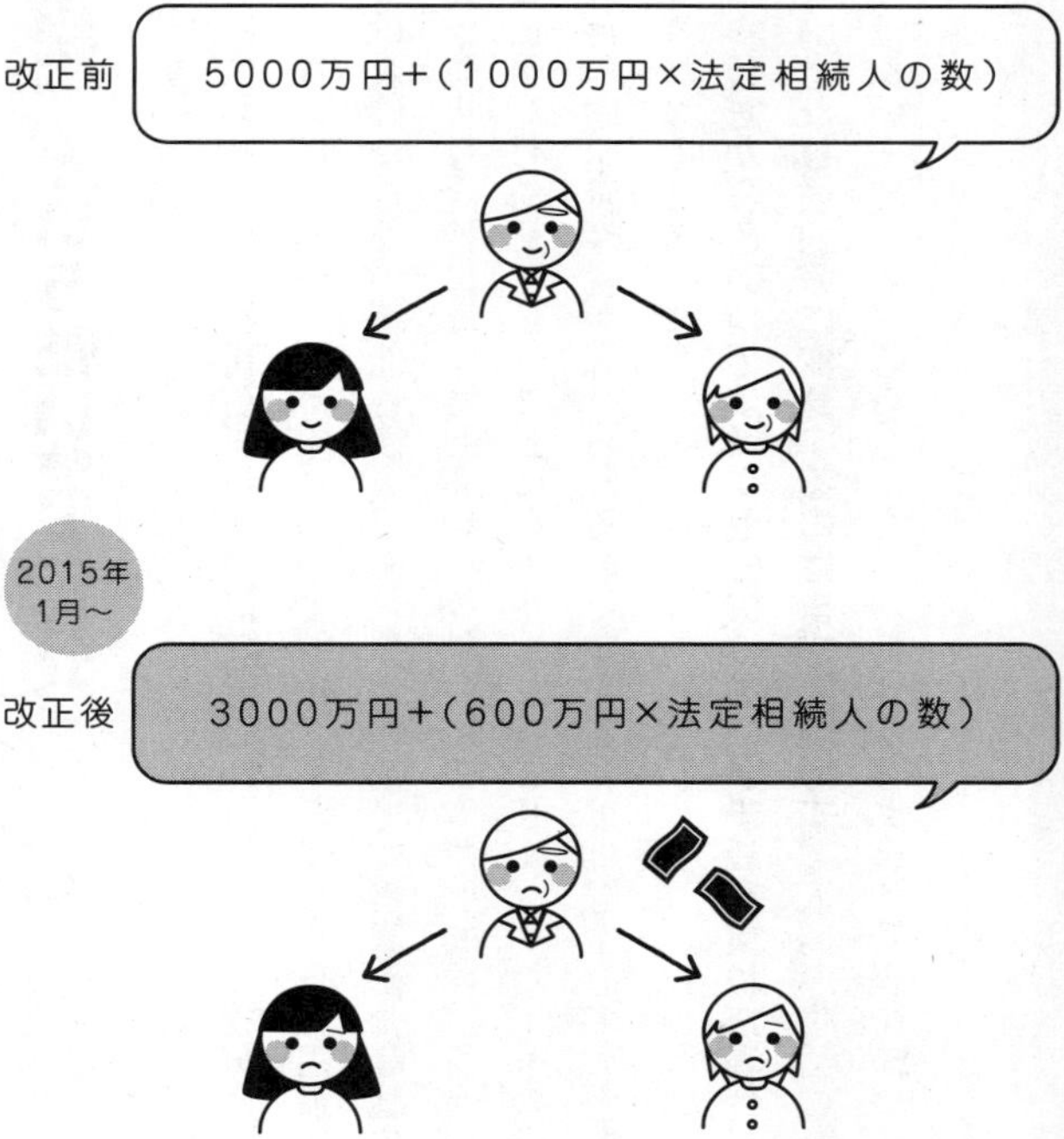

これまでは、相続人が2人(妻・子ども1人など)だった場合、資産が7000万円以内なら相続税はゼロでした。しかし、2015年以降は、4200万円を超える分について、相続税が発生。そのため、相続税を支払う必要がある人は大幅に増えることに。

「相続税」という怖い落とし穴

２０１５年１月からは税制が変わり、相続税を負担する人の数が大幅に増えました。詳しい部分は省略しますが、ざっくりいって相続財産が４０００万円前後の人は、相続税を納税しなければならない可能性が大です。親が裕福で、実家が一等地にあったりすると、相続財産が莫大《ばくだい》な金額になってしまい、相続税もアップします。貯金が乏しいと、その相続税を支払うために家を売ることになるかもしれません。また、家の売却は免《まぬが》れても、不動産には毎年固定資産税が課せられるので、ある程度は貯金しておかないと、やはり納税が負担になってしまうのです。

実家暮らしだからといって浪費グセの抜けないまま歳を重ねた場合、いざ老後を迎えたときに、いきなり倹約家に変身するのはまず無理です。人間、生活のレベルを落とすことは簡単ではないので、実家暮らしでも若いときからお金の管理を徹底することが大切なのです。

第3章

いつかくる「老後」のおひとり様生活

深刻さを増した「老後」問題

すべてのおひとり様女子がもっとも不安視しているのが、「老後、ひとりでやっていけるのか？」という問題だと思います。おひとり様女子のみなさんからの相談でも、特に多いのが老後資金に関する悩みです。

おひとり様女子の場合は、現役時代にライフイベントが少ない分、必然的に老後のことに目が行きがちです。

たとえば、マイホームも買わないと決めている人の場合、現役時代の貯金の目的は、ひたすら「老後資金を貯めること」になってしまったりもします。

それはもちろん、悪いことではありません。仮に「もしかしたら、この先結婚する可能性もゼロではないし……」と思っている人でも、とりあえず予定が定まっていないのであれば、ずっとシングルだった場合を見据えて、老後に向けた貯金をしておくのがいいでしょう。

第1章でもお話ししたように、国に頼れない以上は、自分で老後資金を蓄《たくわ》えなければなりません。とはいえ、現役時代に貯められるお金にも限度があるわけで、手持ちの資金が乏《とぼ》しいまま老後に突入するとなれば、誰もが不安に感じて当然です。

もっとも、これはシングルに限らず、ファミリーでも同じです。配偶者や子どもがいても、老後資金を不安に思っていたり、充実した生活ができるかどうか懸念していたりする人は、世の中の多数派だと思います。

ですから、たとえ老後が不安で不安で仕方がなくても、**あなただけではなくみんな不安なんだということは、ちゃんと知っておいてください。**自分だけが苦しんでいるような気持ちになると、余計苦しくなりますが、世の中の大多数も同じだと考えれば、多少気がラクになるはずです。

ただ、気がラクになったとしても、老後のことをまったく考えないわけにはいきません。そこで、この章では、具体的にいって、老後にどれだけのお金がかかるのか、一体どんなことにお金がかかるのか……、といったことを明らかにしていきたいと思います。

老後いくらかかるのかという問題については、さまざまなメディアで取り上げられており、いろいろな人がいろいろな金額を挙げています。そのため、「何が一体正解なのか?」

と悩んでしまうかもしれません。

本書では、自分にとって本当に必要な老後資金をきちんと計算し、それに向けてどのような貯め方をして、どのような覚悟をもって老後に臨むべきか、具体的にご提案したいと思います。

おひとり様老後は、5000万円以上必要!?

今は、日本人女性の約4分の1が、90歳以上まで生きる時代です。平均寿命も、女性の場合は87歳にも達していますから、誰もが「人生90年」と思って生きていくべきでしょう。

ですが、これに対して一般的な企業の定年は65歳です。ということは、**再就職をしない限り、25年もの間仕事をせず、年金だけを定収入として生きていくことになる**のです。

25年というのは、いうまでもなく、本当に長い時間です。その長い時間を生きる上では、莫大《ばくだい》なお金もかかります。

おひとり様女子の一般的な貯金残高の推移シミュレーション

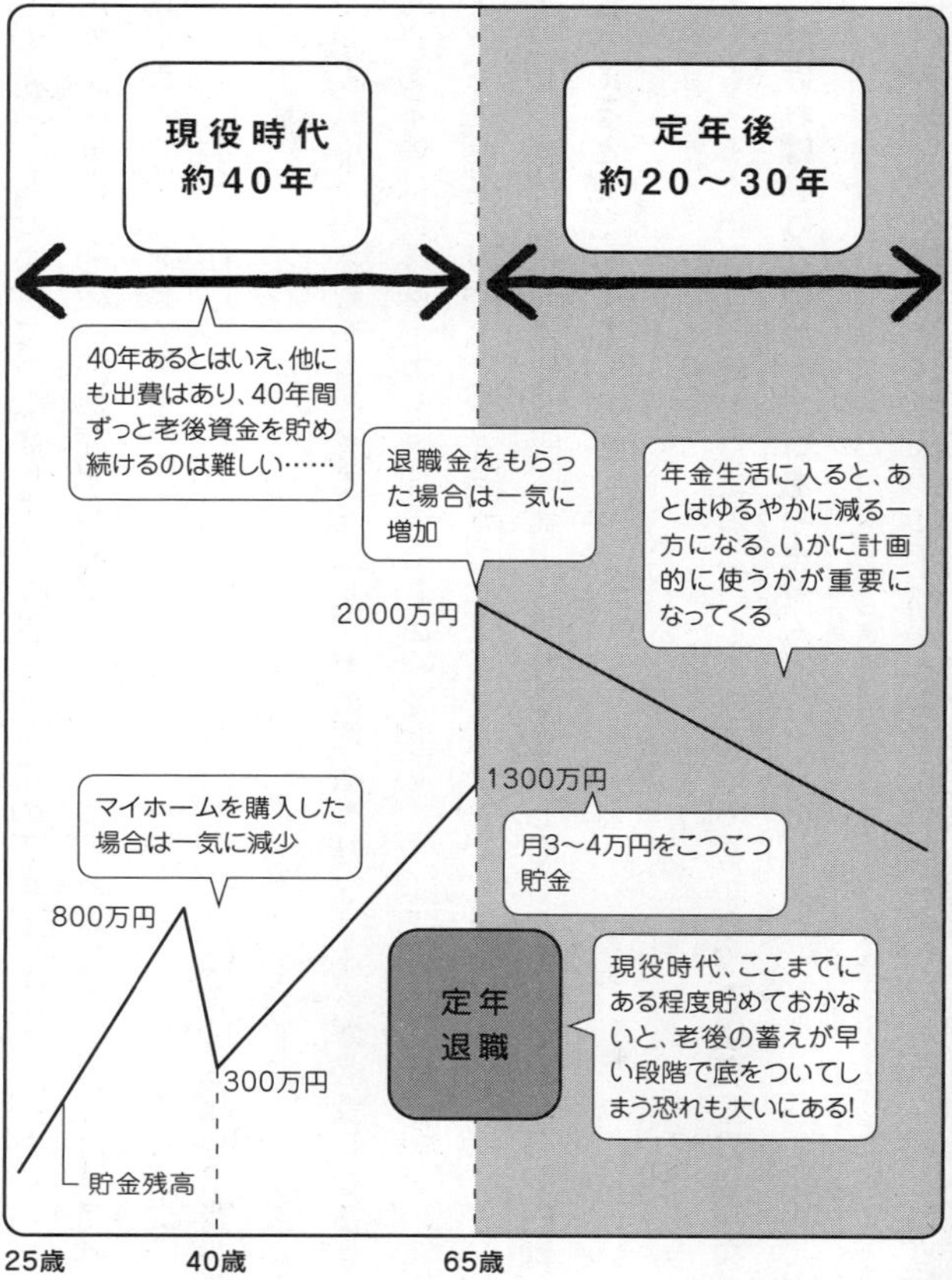

※定期的に貯金をしていた場合

第1章でもお話ししたように、60歳以上の女性単身世帯の平均消費支出は、月に約15万3000円です。仮に、老後の**25年間ずっと毎月15万円かかるとすると、**単純計算で4500万円は必要**ということになります。

もっとも、この4500万円というのは生活費だけなので、そのほかにも臨時出費が発生することは頻繁《ひんぱん》にあるでしょう。

医療費や介護費用がかさむかもしれませんし、家の修繕やリフォームが必要になるかもしれません。あるいは、趣味やレジャーなどにお金を使いたくなるかもしれません。

そんなとき、生活費ギリギリしか蓄えがないと、不安だらけでまったく楽しみのない老後になってしまいます。そう考えると、誰しも**老後資金は5000万〜6000万円はかかる可能性があると覚悟しておくべき**です。

とはいえ、もちろん年金などのもらえるお金もあるわけですから、**老後資金の全額を自分で用意しなければいけないわけではありません。**

巷《ちまた》では「年金制度が崩壊して、将来的に年金がもらえなくなるのでは？」などという説

60歳以上・単身・無職世帯における毎月の収入と消費支出の内訳

(単位：円)

実収入	非消費支出(税・社会保険料等)	可処分所得	消費支出	不足分
120.093	12.445	107.648	143.959	36.311

●消費支出の内訳●

(単位：円)

食料	教養娯楽	住居	光熱・水道	交通・通信
36.133	17.419	12.380	12.668	12.524

保健医療	家具・家事用品	被服及び履物	教育	その他
7.917	5.470	4.174	0	35.274

総務省「家計調査年報」／平成28年

もまことしやかに囁《ささや》かれています。その可能性はゼロではないものの非常に低いので、「とりあえず年金はある程度頼れる」と思っておいてOKです。

年金支給額は、現役時代の収入や加入期間などによって異なりますが、現役時代の平均的な年収が400万円前後であれば、(あくまで現状の制度が維持された場合)厚生年金や共済年金で月14万円くらい確保できるでしょう。

月14万円の年金を25年間もらい続けたら、総額は約4200万円になります。もし「自分には5000万円くらい老後資金が必要だ」と考えるなら、差額の800万円を自分で貯めればよい——ということになります。

実際に貯めるべき「最低限のお金」を割り出してみよう

この老後資金の目安は、あくまでも年金や生活費の平均値を用いた、必要資金の概算です。

人によっては、必要な老後資金が大幅に異なってくるはずです。そこで、ここからはより正確な金額を計算する手順をお話ししましょう。

① 老後の生活費を計算する

まず、老後の生活費がいくらくらいになりそうか考えてみます。もちろん、現段階では想像がつきにくいでしょうが、**基本的には「老後の生活費も今の生活費と大幅には変わらない」と考えてください。**

「歳を取れば食べるものも減るし、若いときのように服や化粧品をバンバン買うようなこともなくなるだろうし、行動範囲も限定されるはずだから、生活費は大幅に減るはず」という考え方もあります。たしかに、ある程度は減るでしょうが、現役時代に浪費傾向にあった人の場合、老後になってもやっぱり生活費はかさむでしょう。

たとえば、若いときに食材にこだわって、高級スーパーで質のよい食材を買って過ごしていた人が、老後になって急に激安食材に切り替えられるとは限りません。

また、おしゃれに気を遣っていた人が、老後になって、急に安い服だけで我慢できるようになる可能性も低いと思われます。

高齢者といっても、病気をしなければ、人は案外いつまでも元気なものです。80代前半くらいまでは旅行に行ける体力がある人もたくさんいるでしょうし、習い事や外食で気晴らしをしたい人も多いはずです。外に出ていく機会が多ければ、身だしなみにもお金をかけたいと考えるものです。

このように、**たとえ老後になっても人の価値観はガラリとは変わらない**ので、現役時代と同じ部分にこだわり続け、お金を使い続けると考えるのが自然です。

というわけで、老後の生活費を知るためにも、まずは今の自分の生活費がいくらなのか計算してみましょう。生活費とは、住居費から水道光熱費、食費、日用品費に至るまで、生活していく上でかかっている毎月の出費の総額を指します。

その金額は、みなさんの手取りから貯金に回っている分を差し引くことで、簡単に割り出せます。

もし、手取りが月20万円で、毎月2万円を財形貯蓄などで貯金しているとします。残りは18万円になりますが、それを毎月使い果たしているのであれば、あなたの生活費は毎月18万円です。それが、老後の生活費の目安になります。

老後約30年間に予想される生活費以外の出費

医療費
⇒50～300万円
(公的医療制度の範囲内の場合)

加齢とともに病院に行く頻度は増えるもの。現状、高齢者の医療費負担は1割だが、増加の可能性も。

介護費
⇒100～300万円
(在宅サービスの場合)

おひとり女子は、倒れたときはお金を払って他人に看てもらうしかなく、大金が必要になる可能性も。

住居費
⇒300万円

持ち家でも、管理費や修繕費用、室内のリフォーム、大型家電の買い替えは必ず必要になる。

趣味・娯楽費
⇒300万円

少なくとも80歳くらいまでは、旅行に出かけたり、趣味に使うためのお金を用意しておきたい。

老人ホーム費
⇒500～3000万円

将来的に老人ホームへの入居を考えているなら、そのためのお金を蓄えておく必要がある。

予備費
⇒500万円

冠婚葬祭や災害などに備えるお金や、マイカーを持っている人はその買い替え費用など。

※金額は目安です。

老後の毎月の生活費がわかれば、老後25年間で必要な生活資金を計算できます。月18万円かかっている人であれば、「18万円×12カ月×25年＝５４００万円」ということになります。

② 老後にもらえるお金を計算する

続いて、そのうちのどこまでを年金や退職金で補えるのか計算します。

まず、**年金については、毎年誕生月に送られてくる「ねんきん定期便」で、月々の年金支給額の概算を確認しましょう。**また、日本年金機構が運営している**「ねんきんネット」(http://www.nenkin.go.jp/n_net/)**に登録すれば、年金の見込み額を試算したり、払い漏れの確認をしたりできます。これらで自分の年金受給額を確認して、25年の間にもらえる年金の総額を計算してみてください。

退職金については、勤務先の就業規則に目を通して、退職金規定を確認しましょう。企業には、こうした規定を従業員に公開する義務があるので、必ず調べられるはずです。この規定を見れば、どれくらい退職金がもらえそうか、ある程度の予測をつけられます。

年金や退職金のほか、たとえば個人年金保険や年金基金などに加入していて、老後に受け取れるお金がある人は、その分も計算してください。

仮に、もらえる年金の総額が3600万円で、退職金が600万円くらいもらえそうだったとしましょう。すると、合計は4200万円となり、先ほど算出した老後の生活費には1200万円不足します。

老後に必要なのは生活費だけではありませんが、この場合だと、少なくとも1200万円は自分で貯金しなければいけないということになります。**現役時代に自力でこれだけ貯めるのは「キツイ」と思うのであれば、今から生活費のダウンサイジングをするべき**です。

というのも、老後の生活費は現役時代の生活費を元に計算しているので、現役時代の生活費をもう少し減らすことができれば、おのずと必要な老後の生活費も縮小することができます。

もし、先ほどと同じ条件で、生活費のみ月15万円まで落とすことができれば、25年分の生活費は4500万円となります。年金や退職金を考慮すると、最低限貯めなければならないお金は300万円まで減らせるのです。この差は非常に大きいでしょう。

若いうちから老後のお金のことを考えるのは大変ですが、早いうちから生活費を切り詰める意識を持っておくと、これだけ負担を減らせます。

おひとり様女子の介護費用

現実には、必要最低限の生活費だけでなく、まとまった出費に備えるために、老後資金はもう少し上乗せをしなければなりません。老後に発生しがちな生活費以外の出費には、次のようなものがあります。

- ●医療費
- ●介護費
- ●家のリフォーム・修繕費用
- ●車の買い替え
- ●旅行・レジャー費

自分が貯めるべき最低限のお金とは？

①現在の生活費から、老後の生活費を大まかに計算する

月 18万円 × 老後 25年（300カ月） ＝ 総額 5400万円 Ⓐ

手取りが月20万円で毎月2万円貯金している女性の場合

②老後にもらえるお金を計算する

【年金】

月額 12万円 × 老後 25年（300カ月） ＝ 総額 3600万円 Ⓐ

＋

【退職金】

総額 600万円

＝

②の合計 4200万円 Ⓑ

③老後に自分が貯めるべきお金を計算する

5400万円 Ⓐ － 4200万円 Ⓑ ＝ 1200万円

これが現役時代に
貯めておくべき金額！

●（持ち家の場合）固定資産税などの税金

●冠婚葬祭の費用

ファミリー世帯（といっても、高齢になってからは、通常は老夫婦ふたり世帯となります）の場合、これらに加えて、子どもへの援助資金が入ります。「援助なんてしなくていい」というならそれでもいいのですが、一般的には子どもが結婚したり、孫が生まれたり、家を買ったりしたときに、多少なりとも援助したいと考える人は多いからです。

おひとり様女子であれば、甥や姪などを自分の子どものようにかわいがっている場合を除いて、そういった出費の心配はありません。身軽で気楽ではあるものの、子どもや孫がいないと不安な局面もあります。それは、自分が病気などで倒れたり、介護なしで生活できない状態になったときです。

入院しているときはまだしも、ほとんど自分では何もできない状態のまま、家でひとりきりで過ごさなければならなくなった場合、**最低限の生活を維持するためには、お金を払って他人の手を借りなければなりません。**公的な介護保険を活用するにしても、介護費用がかさんできます。

どの程度介護費用がかかるのか、現役時代に推《お》し測るのは難しいものです。まったくかからないこともありますが、莫大な金額がかかることもあります。生命保険文化センターの試算では、要介護状態になったときの初期費用、及び介護がおよそ14年続いた場合の毎月の費用をひっくるめて、平均3000万円強かかるという数字も出ています。

ただ、3000万円を介護のために用意するのは、いくら何でも難しいと思われるので、せめて**500万〜1000万円くらいは「介護費用」として用意しておくとよいでしょう。**

介護費用以外に考え得る出費の目安は、103ページにまとめたので、参考にしてみてください。

マイホーム以外の終《つい》の棲家《すみか》、老人ホームも視野に入れておこう

人生も終盤に差し掛かると、誰しも体の不調が出てきます。認知症が進んだり、病気で身動きが取りづらくなったりして、ひとり暮らしを続けるのが難しくなることも多いでしょう。

その場合、ホームヘルパーに依頼して、自宅で介護してもらう——などの選択もありますが、状況次第ではスタッフが長時間滞在、あるいは常駐しているような、老人向けの施設に移るしかなくなる場合もあります。

体に問題がなくても、ひとりきりで暮らすことに心細さを覚え、そうした施設への入居を望むようにならないとも限りません。

そのため、**できればまだ若く元気なうちから、老人向け施設の情報を多少集めておくといいでしょう。**

といっても、みなさんが今30代だとしたら、そのような施設にお世話になるのは40〜50年以上先になるかもしれないので、状況が大幅に変わる可能性も大いにあります。

たとえば、現状ではいわゆる老人ホームが不足していて、特に24時間介護が必要な人向けの特別養護老人ホームなどは、長いウェイティングリストができているともいわれます。

しかし、50年後になれば、もう少し老人ホームが増えて、価格的にも入りやすくなっているかもしれません。あるいは、画期的な介護ロボットが本格導入されるなどして、介護を取り巻く環境が激変している可能性もあります。

いずれにせよ、誰にも50年後のことはわからないので、今から詳細に研究する必要はありませんが、どんな施設があって、今のところどれくらいの料金がかかるのかくらいは、知っておいてもいいでしょう。もし、いずれそういったところにお世話になりたいなら、早い段階からお金を貯めるなどの対処もできるからです。

さて、ひと口に老人ホームといっても、実はさまざまな種類があります。おもなものに関してご説明していきましょう。

●特別養護老人ホーム（介護老人福祉施設）

常に介護が必要な人のための、介護保険による施設サービスです。一般的な有料老人ホームよりも低料金である場合がほとんどですが、年単位で待っている入居希望者が殺到しているので、入居は狭き門になっています。

●介護老人保健施設（老健）

特別養護老人ホームと同じく、介護保険による施設サービスです。病気で入院していた人が退院した際、病状は安定しているものの、まだひとりで生活するには不安が残る状況のときに入居できます。自立に向けたリハビリを目的としているので、入居期間は原則として3～6カ月程度と決められています。

●認知症対応型共同生活介護（グループホーム）

一般的には「認知症患者が専門の介護スタッフの下、共同で生活するための施設」と定義されます。介護などのケアは受けられるものの、医療ケアは行なわれず、自立支援を目指すという方針で運営されています。

老人ホームの種類と料金の目安

種類	形態	対象	特徴	料金の目安
介護付き有料老人ホーム	民間施設	介護が必要な人	住居と介護サービスがセットになった施設。運営は民間企業。	初期費用：0〜3000万円 月額費用：15〜30万円
住宅型有料老人ホーム	民間施設	自立している人	介護サービスがセットにはなっていないが、必要に応じて呼ぶこともできる。	初期費用：0〜3000万円 月額費用：10〜25万円
サービス付き高齢者向け住宅	民間施設	自立している人、要介護度が低い人	60歳以上の高齢者を対象とした賃貸住宅。食事の提供などの生活支援サービスも受けられる。施設によっては、介護サービスが受けられるところも。	初期費用：0〜200万円 月額費用：8〜30万円
グループホーム（認知症の人向け）	民間施設	介護が必要な人	認知症で、ひとり暮らしが難しい人が、スタッフに付き添われて生活する施設。在宅とほぼ同じスタイルで生活をする。	初期費用：30〜100万円 月額費用：15〜25万円
特別養護老人ホーム	公的施設	介護が必要な人	要介護認定を受けた65歳以上の高齢者が対象。費用は安いものの、需要が膨れ上がっているため、待機している人が非常に多い。	初期費用：0円 月額費用：6〜20万円
軽費老人ホーム（介護型）	公的施設	介護が必要な人	自立型と条件はほぼ同じ。こちらは、介護が必要な高齢者を対象とした施設。	初期費用：50〜400万円 月額費用：6〜17万円
介護老人保健施設	公的施設	リハビリ、機能回復訓練中の人	要介護認定を受けており、病状は安定しているものの、リハビリや看護・介護が必要な人が、回復までの期間、短期（3〜6カ月）で入ることができる施設。	初期費用：0円 月額費用：7〜20万円
養護老人ホーム	公的施設	自立している人	65歳以上の高齢者で、生活保護を受けているなど、経済的に問題を抱えた人のための施設。介護施設ではないので、要介護認定を受けている人は入所できない。	初期費用：0円 月額費用：0〜14万円

●有料老人ホーム

健康なうちから入れるタイプと、要介護状態になってから入れるタイプがあり、ホームによって方針は異なっています。料金もホームによって大幅に異なります。比較的手頃な料金のところはどこもいっぱいで、なかなか入りづらいのが現状です。

●サービス付き高齢者向け住宅（サ高住）

賃貸契約で入居できる高齢者専用の住宅です。先に出てきた有料老人ホームは、基本的に入居一時金がかかりますが、サービス付き高齢者向け住宅の場合は、普通の賃貸物件と同じように敷金・礼金がかかる場合が多いです。在宅介護サービスの事業所などが併設され、介護が必要な状況になっても安心なのがメリットです。

細かく見ていくとほかにもありますが、この先も継続されていくであろう施設は今のところこれくらいです。どこも数としては不足気味なので、今のところは希望しても簡単に入れるわけではないことも覚えておきましょう。

なお、それぞれの費用の目安は113ページの一覧表を参考にしてください。グレードの高いところに行きたければ、当然かなり高額な利用料が発生します。

国民年金の場合は、毎月10万円以上貯めないと間に合わない

老人ホームについてはとりあえずおいておいて、それ以外の必要老後資金に話を戻しましょう。

介護や家の修繕などに備えると、切り詰めた生活をするにしても、老後の自己資金が2000万円くらい必要という結果になった人も多いのではないでしょうか？

ちなみに、ここまでは触れていませんでしたが、フリーランスなどで仕事をしていて、**年金の種類が国民年金になっている人は、そもそも受給額が少ないので、もっとたくさんの自己資金を貯めなければなりません。２０００万円どころか、その倍は必要です。**

親の遺産でも転がりこまない限り、そんなにも多額のお金を預貯金だけで自力で用意するのは大変です。何らかの金融商品に投資するなどして、〝**お金に働いてもらう**〟ということも視野に入れなければならないでしょう。

たとえば、一般的な定年にあたる65歳までに2000万円、あるいは4000万円を貯めるとします。仮に、貯め始める年齢は35歳で、前年にマンションを買っており、貯金はほとんどなかったとしましょう。

65歳になるまでの30年で2000万円貯めようという場合、ボーナスや退職金を加味せず、毎月定額ずつ貯めていくとすると、1カ月に約5万6000円を老後資金として貯金する必要があります。30年で4000万円を目指すなら、1カ月に約11万円です。

5万6000円貯めるのも相当厳しいですが、11万円貯めるなんてまず無理……という人がほとんどのはずです。その場合、やはり何らかの投資は考えておいたほうがいいでしょう。それについては、第6章でお話しします。

厚生年金や共済年金などを受給予定の場合、「頑張れば何とか預貯金だけで準備できそう」という人も多いかもしれません。

とはいえ、マイホームを買った上に、毎月給料の大部分を貯金に回し、今後何十年もの間汲々《きゆうきゆう》とした生活をするとなると、考えただけで息が詰まりますよね。私は、みなさんにそんな苦しい人生を送っていただきたくはありません。

老後のことを考えることは重要ですが、貴重な若い時代に、老後のことばかり考えて過ごすというのも考えものです。

若いときには、若いときにしかできないこともすべきです。そのためには、ある程度お金を使うことも、ときには必要でしょう。

ただし、無計画に使うのは、もちろんNGです。将来のためにお金を貯めなければいけない事実は動かせないので、発想を転換し、お金が貯められるような大胆なアクションを起こすことが重要になってきます。

収入を増やすためのキャリアアップや転職を考えよう

具体的にどんなことをすればいいかといえば、まず**転職**が挙げられます。

どうしても今のままでは老後資金を貯められそうにないのであれば、もっと収入を増やすことを考えなければなりません。たとえば、現状は派遣社員で、給料が安く、年金の種類も国民年金——という場合は、思うように貯められなかったとしても無理はないでしょう。

その場合、現状に甘んじているのではなく、前向きに転職を検討することをおすすめします。今は転職する人が非常に多い時代ですから、転職自体は何ら躊躇《ちゅうちょ》することはありません。また、現時点では、景気の上向きによって多少求人も増えているといわれているので、検討する余地は十分にあります。

もっと収入のよい職場に転職しようにも、学歴もスキルもない——というのであれば、資格を取ることを検討してみてください。

このようにいうと、相談者の中には、

「じゃあ、ずっと憧《あこが》れていたインテリアコーディネーターの資格を取ります！」

「英会話を習って、語学力を上げます！」

といった反応をされる方も多くいます。

もちろん、それはそれで構わないですし、やりたいことがあるのは素晴らしいことです。ただ、よく考えていただきたいのは、**それが本当にキャリアアップにつながるかどうか**ということです。

現在の職場において、キャリアアップの条件になっている資格を取ったり、スキルを磨《みが》いたりするのは、十二分に意味があるでしょう。しかし、それとはまったく無関係のことをやってみようとするときは、一度冷静になって考えてみてください。

たとえば、現在メーカーで事務をしている人が、インテリアコーディネーターの資格を取得したからといって、職場でのキャリアアップはほぼありえません。さりとて、いきなりインテリア関連の会社に就職できるかといえば、難しいところです。

また、語学力が上がったからといって、それまで事務をやっていた人が、いきなり海外出張を任《まか》されるようになるわけでもないでしょう。転職するにしても、今日英語をしゃべれるだけの人材ならゴロゴロいます。

これでは、**せっかく勉強をしても、単なる自分磨きになっただけで、収入の増加にはつながらない**でしょう。こうした状況に陥《おちい》らないためにも、何をすれば収入を増やせるか——という観点で、取るべき資格を検討する必要があります。

とかく、女性は自分磨きが好きな傾向が強いですよね。いつまでも怠《おこた》ることなく、自分を磨こうとするのはいいのですが、それがただの自己満足になるだけで、何も産んでいなかったとしたら、あまりおすすめすることはできません。

もちろん、お金がかからないことであればいいのです。しかし、自分磨きの多くは、高い費用が発生します。その費用対効果が低い自分磨きは、するべきではないのです。

これからの時代、65歳以降も働くのは当然

働き方を見直すにあたって、もう一つおすすめしたいのは、**「65歳が定年だから、それ以降は仕事をしない」ではなく、「働ける限り何歳まででも働く」という意識を持つようにする**ことです。

老後の必要資金が5000万円にも6000万円にも達するのは、老後と呼ばれる期間が25年ほど、もしかするとそれ以上あるからです。これがもっと短くなれば、用意しておくべきお金は減らせます。

社会的には、65歳は「長年働いてきたわけですから、もう休んでいいですよ」と肩を叩《たた》かれる年齢であり、高齢者の仲間入りをする年齢でもあります。しかし、元気であるうちは働くのは自由ですし、実際に働いている人も大勢います。

まだまだ若い60代の間はもちろんのこと、70代になってからも細々とでも仕事をしていれば、老後に備えて蓄えた貯金の減るスピードが遅くなるので、安心感がまるで違うはずです。

もちろん、ごく一部の人を除き、脂《あぶら》の乗った30代や40代のように、バリバリ稼ぐのは難しいでしょう。それでも、仮に月10万円前後の収入を得ることができれば、生活費に充てることはできますし、あるいは旅行などの楽しみのお金を貯めることもできるかもしれません。

みなさんの中には、「そんなに歳を取ってまで、働きたくない」と思われる方もいるでしょう。「若い人に混じって働くのもストレスになりそう」という方もいるでしょう。

しかし、65歳以降にひとりきりの生活で、20年以上も何も仕事せずに過ごすというのは、かなり退屈ではないでしょうか?

老後に何かやりたいことがあるなら話は別ですが、そうでないならば、多少なりとも仕事を持っていたほうが、経済的に安心なばかりでなく、張り合いのある生活を送れるはずです。

自治体でも、高齢者に仕事を斡旋《あっせん》する取り組みがなされ、全国に**「シルバー人材センター」**（**「全国シルバー人材センター事業協会」http://www.zsjc.or.jp**）も設けられています。

働く意欲のある人ならば、そのセンターに登録することで、現役時代の経歴やスキルを活かした仕事を紹介してもらうことができます。今後、高齢化のさらなる進行とともに、シルバー人材は注目されていくと思われるので、こうした仕組みを活用することも考えておくといいでしょう。

「ずっとひとり」は難しい。兄弟姉妹、友人と繋がっておこう

おひとり様女子が考えておくべき老後のあれこれについて、ご紹介してきました。おもに金銭面のお話をしましたが、**おひとり様女子の老後でもうひとつ大きな壁となり得るのは、「孤独感」や「寂しさ」**といったものです。

結婚していれば、配偶者や子ども、孫などがいるので、まったくの天涯孤独になる可能性は低いでしょう。しかし、シングルのまま老後を迎え、兄弟姉妹や友人との繋《つな》がりも薄い状態だと、極端に人と接する機会の少ない状況に陥ってしまいかねません。

今は「ひとりでいるのが好き」という人も多いかもしれませんが、そんな人でも仕事に

おいては誰かしらと接点を持っているはずです。

老後にはそれもなくなるので、いくらひとりでいるのが好きでも、四六時中ひとりでいたら、強い孤独を感じるようになるかもしれません。しかも、それが20年、30年続くと考えると、たまらないのではないでしょうか?

実際、老後にうつ病を発症する人は少なくありませんが、その要因として孤独感も大いに関係しているはずです。

また、**孤独な老後になると、寂しいだけでなく、心身の不調を感じたときに、すぐ助けてもらえる相手もいなくなってしまいます。**

急に具合が悪くなって倒れて、誰とも連絡を取り合っていなかったがために発見してもらえず、そのまま亡くなってしまう——というのは、大変悲しい亡くなり方です。もし、発見が早ければ助かったかもしれないと考えると、誰とも繋がらずにひとりきりでいることには、大きなリスクがあるといえます。

そんな事態を回避するために、今からできることをしておきましょう。まず、兄弟姉妹とはできるだけ連絡を取るようにしておきたいところです。普段から仲良くしておけば、親が亡くなって相続が発生したときなどにもスムーズです。

ひとりっ子の人、あるいは兄弟姉妹とさほど仲良くない人は、**友人との繋がりを大切にしておきましょう。**同じ境遇のおひとり様女子はもちろんのこと、ある程度年齢を重ねてからは、既婚も未婚もあまり関係がなくなってきますから、気の合う友人とは、疎遠にならないようにまめに連絡を取ってみてください。

相談者で、「おひとり様女子同士で老後はシェアハウスに住む」というプランを語っていた方がいましたが、それもいい方法です。シェアハウスなら原則として住居費を抑えられ、孤独感を感じず、互いに何かあれば助け合えます。**生涯助け合えるような仲間を、早いうちから見つけられたら理想的です。**

第4章

おひとり様女子の武器は「貯金」

どんな人でも「貯められる人」になれる

第3章までのところで、今後の人生において、最低限必要なお金が明確に見えてきたと思います。

莫大《ばくだい》な金額に思えたとしても、今から頑張れば、決して貯められないことはありません。特別お金持ちでなくても、高給取りでなくても、普通にＯＬをしながら何千万円も貯めているような人は、世の中に案外たくさんいます。

私は、よく女性向けの雑誌で、お金の特集の監修を担当するのですが、読者（おひとり様女子）のアンケートを読んだり、実際に読者の方にお会いしたりすると、一般的な収入でありながらたくさん貯めている人も多く、いつも驚かされます。

彼女たちには、次のような明確な共通点があります。

●今、自分が何のためにどれだけ貯めればいいかわかっている

●これと思ったらすぐ実行に移す行動力がある
●節約のしどころがわかっている

ここまでにもお話ししてきたように、自分にとって、何のためにどれだけお金が必要なのかという部分をある程度把握《はあく》していないと、不安ばかりが増大してしまいます。

その点、貯められる人は不安の中身を把握しており、自分なりに「毎月いくら貯めればいい」という結論を出して、行動に移すことができているものです。

また、貯められる人は「そのうちやろう」「いずれ何とかなるだろう」と先延ばしにせず、何かを思い立ったら、すぐに実行する行動の速さも見られます。逆に、腰が重い人は、やはり貯金がしづらくなります。

どの部分を節約すると効果的か、ちゃんと考えて的確に節約しているところも、大きなポイントです。

というのも、貯められない人には「一度も節約なんて考えたことない」という人はむしろ少なく、「家計簿をつけて節約しようとしたけど、三日坊主で挫折《ざせつ》した」「毎月5万円、定期積立してみたけど、帳尻《ちょうじり》が合わなくて解約した」「毎日、三食自炊で頑張ろうとしたけど、無理だった」など、節約の挫折を経験している人が大半です。

その結果、**「挫折しちゃう自分は、節約や貯金に向いてないんだ」と、ダイエットと同じような感覚で、あきらめてしまっている人が多い**ように思われます。

しかし、それは節約や貯金に向いてないからではなく、自分に合った方法を選択できていないせいなのです。私のところに相談に来た方の中には、**自分に合った方法を探し直したおかげで、貯められるようになった人が何人もいます。**

貯められない人の共通点①「削るところを間違えている」

ここからは、貯められない人によく見られる傾向を挙げていきましょう。

まず、よく見られるのが、「削ってはいけないところを削っている」というパターンです。

特に多いのが「食費」を間違って削っている例です。

むろん、食費が月10万円かかっていた人が、「もう少し控えめにしよう」と考えるのは正しい判断です。が、それまで10万円だったのを、いきなり2万円まで下げるのは難しいでしょう。

自炊をメインにすれば、それくらいに抑えることはさして難しくないかもしれませんが、あまりに以前とのギャップが大きすぎるので、相当な努力が必要になります。3万円の食費を2万円に抑え込むのとはわけが違います。

そのため、最初は月5万円を目標にし、慣れたら4万円にし……といったように、徐々に減らしていくのがいいでしょう。

中には、食費をいきなり「1万円以下に抑える」という目標を立てて、ダイエットも兼ね、「あまり食事をしない」という極端なやり方をする人もいます。しかも、わりとたくさんいます。

食生活の内容を聞いてみると、朝は抜き、昼はおにぎり1個、夜はスナック菓子――といった調子です。これでは力がわかず、栄養も不足してしまいます。

若いうちは、すぐには影響がないかもしれませんが、長期的にそんな生活をしていたら、体が弱ってしまうでしょう。**食生活が貧弱化した結果、慢性的に病気がちになり、しょっちゅう通院や入院をするようになって、医療費がかさんでしまったら、食費を削った意味がありません。**

いうまでもなく、私たちの体は食べたものによって構成されています。体の中には脳も含まれます。脳も、栄養が不足したり、偏《かたよ》ったりすると、どんどん老いていくでしょう。その結果、平均よりも早く認知症になって、高い介護費用を要することにもなりかねません。

おひとり様女子としては、経済面から考えても、そんな事態は絶対避けたいはずです。であれば、現役時代から健康に気を遣い、いつまでも元気で生きられるような体作りを心がける必要があります。

そのためにできるもっとも基本的なことが、食生活に注意を払うことなのです。にもかかわらず、節約のためといって、**食費を極限まで削り、いい加減な食生活をしているようでは、本末転倒**といえるでしょう。

削りどころを間違っている例はほかにもあります。

かなりよくあるのは、**生命保険の削りすぎ**です。生命保険は、死亡したときや病気になったときなど、いざというときのお金の問題に備えるための商品です。

おひとり様女子の場合、死亡保障の保険はそれほど必然性がないかもしれません。ただし、病気に備える保険には、場合によっては入っておいたほうがいいでしょう。

特に、「がんが心配でたまらない」という人は、がんと診断されたときにまとまったお金が給付されるがん保険や、三大疾病《しっぺい》保険に入っておくのがベターです。

ちなみに、三大疾病とは「がん」「急性心筋梗塞」「脳卒中」の3種類で、日本人の場合、これらを原因として亡くなる人が特に多いことから、「三大死因」とも呼ばれています。

医療保険は、原則として入院しないと保険金が出ませんが、がん保険や三大疾病保険は、一時金がもらえるおかげで、発症後の通院費用がカバーできるのも特長といえます。

もちろん、みんながみんな入ったほうがいいというわけではないのですが、もし「がん家系で不安だ」というような人は、入っておくと安心です。

ただ、がん保険は医療保険に比べるとやや保険料が高い場合が多いので、加入はしたものの、途中で「やっぱり負担が大きすぎるから、節約のためにも解約しよう」という人が少なからずいます。

私の知人でも、途中で「家計のやりくりが厳しいし、もうちょっと貯金に回すお金を増やしたいから」といって、がん保険を中途解約した人がいました。この方は元々、親兄弟もがんになっていて不安だから、という理由でがん保険を契約していました。

ところが、解約してからほどなく体調を崩し、病院に行ってみるとがんが発見されたのです。

これほど運が悪いケースは稀《まれ》かもしれませんが、この方の場合、**そもそもがん保険は節約してもいいポイントではなかった**のです。いくら節約したくても、必要な保険まで削ってはいけません。

似たような例では、医療保険でも保険料を安くしようとして、極端に保障の薄い商品に加入する人もいます。

たとえば、月の保険料が1000円だとしたら、非常に安いですが、それなりの保障しか受けられません。これでは、せっかく保険に入っていても、実際に保険を使う事態になったとき、保障が不足して困る可能性が高くなります。

必要な保障を見ず、保険料だけを見て判断すると、このようなことが起こります。これでは、**保険が保険として機能せず、ただの気休めにしかならない**のです。

貯められない人の共通点②「出費にメリハリがつけられない」

浪費傾向にある人には、ごく一部の出費についてだけ、異常にお金をかけるタイプと、どの費目についてもまんべんなくお金をかけるタイプがいます。

前者は、極端な例を挙げると、アイドルなどの追っかけをしている人が該当します。追っかけをしていると、グッズを買ったり、地方に遠征したりで、湯水のようにお金を使うことになります。

実際、このような方にお金の相談を受けたこともありますが、その方の場合は、それ以外の部分を上手に節約できていたので、追っかけ代に上限を決めることで、すぐに貯金はできるようになりました。つまり、その方は**出費にメリハリをつけることが上手**だったのです。

普通のＯＬさんでも、たとえば服はいつも安いけど、鞄《かばん》だけはブランドもの（それもとっかえひっかえするのではなく、一つのものを長く大切に使う）というような場合は、出費にメリハリがつけられているので、お金を貯めやすくなります。

これに対し、**まんべんなく何にでもお金を使ってしまう人のほうが、家計の引き締めは大変**です。

こうしたタイプは、たとえばシャンプーを買うにしても、普通よりちょっといいもの、食材や調味料を買うにしても、オーガニックの高いもの――といった具合に、何でも標準より少しずついいもの（高価なもの）を買ってしまいがちです。

もちろん、洋服や家具なども、激安品ではなくそこそこの値段のものを買います。「値段が安いものは信じられない」と思っている傾向もあり、そのために生活費全般がどうしても高くついてしまうのです。これこそが、出費にメリハリがつけられない人の典型例です。

本当によいものを吟味して選び、少しずつ買うというのであれば、それほど問題ないですが、家計を圧迫していても、どんどん買い込んでしまう人もいるでしょう。それでは、いつまで経《た》っても家計はギリギリで、貯金もできません。

自分もこのタイプだという自覚がある人は、モノにこだわることをやめろとはいわないので、**こだわる部分とこだわらなくてもいい部分を選別**するべきです。

たとえば、どうしても食材や調味料にこだわりたいなら、住居は安いところにしてみる。服はいいものを着たいというなら、外食は極力控えて自炊にする。年に1度は海外旅行に行きたければ、普段のレジャーを控えめにするのもいいでしょう。

いいところに住み、いい服を着て、いいものを食べる暮らしをどうしても捨てられないなら、永遠に貯金できないので、収入を増やす道を模索してください。

貯められない人の共通点③「家計簿に縛られすぎている」

お金を貯めたいと思い立った人が最初に始めること——それは、多くの場合、家計簿をつけることだと思います。

家計簿をつけて、自分が何にお金を使っているか把握することは、たしかに節約をする上での第一歩です。私も、できることなら家計簿をつけるべきだといつもお話ししています。

ですが、声を大にしていいたいのは、**家計簿が続かないなら、無理して続ける必要はない**ということです。

家計簿をつけ、支出を管理すれば、貯金の早道になることくらいは、誰にでもわかります。しかし、それができないからこそ、苦しんでいる人が多いのです。継続的に記録をつけたり、細かい作業をしたりするのが苦にならない人もいますが、そうでない人にとって、家計簿は苦行になりかねません。

そのため、意気揚々《ようよう》と家計簿を買ってきてつけ始めたものの、ほんの1日、1週間、1カ月ほどで挫折する人もいます。が、だからといってそんな自分に失望しなくてもいいのです。それは、特別あなたがダメだからではなく、多くの人がそうなのですから。

したがって、「家計簿すらつけられない自分は、ダメな人間」というような思いに駆られる必要もありません。そんな風に思い悩んでいても時間がもったいないので、**家計簿が続かなかったら「自分には向いてなかった」と割り切りましょう。**

詳細に、継続的に家計簿をつける以外にも、出費を把握する方法はあります。

「1カ月なら何とか続けられそう」という人は、1カ月とゴールを決めて、家計簿を短期的につけるだけでもいいでしょう。

誰しも、エンドレスに続けなければいけないことには気力が萎《な》えがちですが、ゴールが決まっている事柄には前向きに取り組みやすいものです。

あるいは、手書きではなく**スマートフォンの家計簿アプリ**などを利用するのもおすすめです。家計簿アプリは、レシートを撮影するだけで家計簿に反映してくれるようなものもあり、慣れてしまえば非常にお手軽です。

家計簿自体が無理なら、とにかくレシートを保存して、月に1度集計するだけでも構いません。相談者の方には、レシートを集計し、毎日「1日にいくら使ったか」だけを計算して、カレンダーに書き込んでいた方がいましたが、それだけでも自分の浪費に気づき、節約できるようになりました。

このように、**自分にとってもっともラクなやり方を考えれば、それでいい**のです。

貯められない人の共通点④「『自分へのご褒美』が多すぎる」

貯められない人には、「私はだらしないから、節約も貯金もできない」と話す、自己評価の低い人がたくさんいます。

しかし、それは自分を甘やかしているのと同じです。厳しいいい方になりますが、**どうせできないと決めつけて何も行動しなければ、一番ラク**だからです。が、それではもちろん将来の不安は消えません。

この章の冒頭で、貯められる人は行動力があるとお話ししましたが、その裏返しで、貯められない人の腰は非常に重いものです。

相談者の方でも、何度となく「次からやります。絶対頑張ります！」といいながら、後日お会いすると何も状況は変わっていない……ということは、残念ながらよくあるのです。

それもまた、自分への甘さが根底にあるのだと思います。そんな自分への甘さを捨てなければ、自分を変え、お金の問題を解消することはできないでしょう。

そのほか、自分への甘やかしとしてありがちなのが、**「自分へのご褒美」を頻繁《ひんぱん》に奮発してしまう**ことです。

自分へのご褒美というのはよく耳にするフレーズですが、本当にご褒美をもらうのに値するようなとき（昇進したとき、仕事で大きな成功を収めたとき、あるいは逆に、滅多にないような落ち込む出来事が起きたとき……など）、ごくたまにならまだしも、頻繁にご褒美を許している場合は、やはりそれは甘やかしでしかありません。実際、**ご褒美という名の浪費は、非常によく目にします。**

また、**「自分への投資」も、内容次第ではただの甘やかし**になってしまいます。以前、婚活中というおひとり様女子の方に、こんな相談を受けたことがあります。彼女は、自分への投資として、エステや化粧品、ファッション関係の出費がかさんでいました。エステなどにお金を使うことのどこが投資なのかといえば、「外見が魅力的になれば、いい結婚相手が見つかる可能性が高くなるかもしれないから、重要な投資なんです！」という意見でした。

一瞬納得しかけてしまいますが、たとえ自分への投資だとしても、上限があります。家計が厳しくなるほどお金を使っているのなら、やはり限度を超えていると考えるしかありません。

それに、一般論として、エステや最新ファッションにお金を使わないと、婚活が成就《じょうじゅ》できないわけではないでしょう。そう考えると、彼女の場合は、やはり投資という名の甘やかしにほかならなかったのです。

例に挙げたもののほか、私が見た中で、自分へのご褒美や投資（という名の浪費）として多いものは、1500円以上の高価なランチ、高級スーパーでの高い食材の買い物、岩盤浴、サウナ、プレミアムビール、映画館などのプレミアムシート、グリーン車、お取り寄せグルメ、高級なお菓子、高級時計など、枚挙にいとまがありません。

たとえば、大手企業に勤めるバリバリのキャリアウーマンのFさんは、自分への投資にお金を使うことがもっとも有意義だと考えているタイプ。ノー残業デーには語学学校やスポーツクラブ、お料理教室に趣味サークルと、「自分磨き」に奔走しています。

職場にはお弁当を持参するなど、倹約思考はあるものの、習い事にお金をかけすぎて貯金はゼロ。あまりにもご褒美の代償が大きすぎますね。

「自分へのご褒美」「自分磨き」には必ず上限をつけてください。過剰な自分へのご褒美や自己投資は、金銭感覚を狂わせます。

貯められない人の共通点⑤「流行や情報に流されやすい」

貯められる人には、自分を甘やかさない意志の強さがありますが、貯められない人は、どちらかというと**物事に流されやすい**傾向も見られます。

たとえば、友人や職場の同僚などが、みんなスマートフォンを持っていたとしましょう。すると、流されやすい人は、たとえ必然性を感じていなくても、「みんなスマートフォンだし、今どきガラケーなのは自分だけ……。やっぱり、最新機種に買い替えようかな」などと考えがちです。

ガラケーで通話やメールさえできればいいのに、わざわざ高いスマートフォンに買い替える。格安のスマートフォンではなく、「やっぱりiPhoneのほうがいい」と、深く考えずに決めてしまう――思い当たる人も多いのではないでしょうか?

ちょっと考えれば、自分にとって本当に必要なものを安く手に入れる方法はいくらでも見つかるはずなのに、流行や情報に流されて、よく考えないままに割高なものをつかんでしまうのは、ダメな傾向です。

さらに、**このタイプは、衝動買いも多い**ものです。店員さんに「流行していますよ」といわれると、急にほしくなって買ってしまう。このままでは、絶対に貯められるようにはなれないでしょう。

貯められない人の共通点⑥「ストレス解消法が『散財』になっている」

社会に出て仕事をしていれば、誰しもストレスがたまることはあります。そんなとき、パーッとお金を使うと、一時的には心がすっきりするかもしれません。

私にも、その気持ちはとてもよくわかります。ちょっとクサクサするようなとき、書店に行ってほしい本を一気にまとめて買ったり、それまで「高いから」と半ばあきらめていたものを勢いで購入したりしたとき、気持ちが高揚し、それまでのストレスが消えてなくなるような感覚を得られます。

しかし、散財もごくたまにであれば、「これからまた仕事を頑張ろう」というモチベーションを高められるのでいいのですが、頻繁になるとNGです。いうまでもなく、そんなことの繰り返しでは、貯金など夢のまた夢になってしまうからです。

貯められる人は、必ずお金のかかりすぎない方法でストレス解消をしています。たとえば、何か運動をする。家でゆっくりストレッチをする。録《と》りためていたテレビ番組を心ゆくまで見まくる——などなど、散財とは違うやり方でストレスを解消できているはずなのです。

しかし、世の中には**お金を使わないとストレス発散できないと思い込んでいる人もよくいます**。一度、その発想を捨ててみましょう。

出費を「消費」「浪費」「投資」にわけてみよう

さて、色々と貯められない人の特徴を挙げてきましたが、ギクッとした方、「私のこと⁉」と思った方も多かったのではないでしょうか？

ほかにも貯められない人の特徴はまだまだあるのですが、それは追々触れていくとして、重要なのは、この状態から**どうやって貯められる人に変身するか？**——という点でしょう。

もちろん、これまで貯められなかった人でも、今から貯められる人になる方法はあります。そのためにはまず、もっとも基本的なところから取り組んでいかなければなりません。

その基本のキは、**自分の出費の中身を把握する**ことです。自分が何にお金を使っているせいで貯金できないのか、原因をつきとめるのです。

先ほど、家計簿をつけることは節約の第一歩とお話ししました。家計簿をつければ、確実に自分が何にお金を使っているかがわかります。しかし、家計簿をつけるという作業は、多くの人にとって非常に億劫《おっくう》なものです。

そこで、ここからは私が普段から推奨し、実際に成果も上げている方法をお話ししましょう。

それは、**出費を「消費」「浪費」「投資」にわける**というやり方です。ここからは簡略化して、消・浪・投と呼びたいと思います。

まず、**取り組む期間はとりあえず「1カ月」**と決めましょう。給料日直後、あるいは月初めからスタートしてください。

その1カ月間、基本的には普段どおりに生活するわけですが、その間にお金を使ったら、レシートを必ずもらうようにします。そして、1日の終わりに、その日もらったレシートを消・浪・投に分類します。

消・浪・投それぞれの定義ですが、まず**消費とは、生きていく上で必要不可欠な出費（最低限の食費、日用品費など。住居費や水道光熱費、医療保険などの固定費も含みます）を指します。**

浪費とは、文字どおりにムダ遣いを指します。「つい衝動買いしてしまった」というものはもちろんのこと、食材を買った場合でも、過剰に買い込みすぎていたら、必要最低限を上回る部分については浪費になります。

最後に**投資とは、貯金も含め、未来の自分にとって糧《かて》になるようなお金**の使い方を指します。貯金した、財形に回した、貯蓄型の保険の保険料を払った――というのは、すべて投資です。また、資格を取得するための費用など、自己投資に関する出費もまた、投資のカテゴリーに含みます。

出費を消・浪・投に仕分けする際には、箱なり封筒なりクリアファイルなりを3つ用意すると便利です。仮に箱を使う場合、レシート仕分け時にこの出費は「消費」だと思えば消費の箱に。「浪費」だと思えば浪費の箱に。「投資」だと思えば投資の箱に入れる――と

出費を「消費」「浪費」「投資」にわけてみよう

「消 費」=生きていく上で必要不可欠な出費

【例】

・自炊するために最低限必要な食費
・家賃（身の丈にあった金額ならOK。高すぎる場合は「浪費」）
・使いすぎに注意しながらかかった水道光熱費
・見直しなどで極力安く抑えた携帯電話代
・通勤・通学のための交通費 ...etc

「浪 費」=ムダ遣い。よくよく考えれば不必要な出費

【例】

・度重なる飲み会代や外食費
・衝動買いで買ってしまった洋服や雑貨代
・「安い」と思って買ったものの、使わなかった食材や日用品代
・さしたる理由もなく乗ってしまったタクシー代
・費用対効果の悪すぎる化粧品代、エステ代 ...etc

「投 資」=自分の将来のためになるお金の使い方

【例】

・預貯金や財形、貯蓄型の保険の保険料
・生命保険・損害保険料
（ムダにかけすぎている場合は「浪費」）
・株式や投資信託など、金融商品への投資
・キャリアアップのための勉強代、資格取得費用
・キャリアアップのための人脈作りに役立つ飲み会代 ...etc

いう具合です。

といっても、必要なものを買いに行ったスーパーで、ついムダ買いすることもありますから、1枚のレシートに消費や浪費が混在していることもあるでしょう。その場合、別に保留用の箱などを作って、その中に入れておくか、消費は青、浪費は赤、投資は緑という具合に、レシートをマークしておいてもいいでしょう（ただし、面倒くさければやらなくてOKです）。

いずれにしても、**後日きちんと集計するので、毎日の仕分けの段階では、ざっくりわけておく程度でも問題ありません。**

仕分け作業を1カ月間続けたら、いよいよすべてを集計します。この集計の作業が唯一手間のかかるところなのですが、ここは飛ばせない部分なので、我慢して取り組んでください。

この作業を行なうと、自分が1カ月にいくら消費し、いくら浪費し、いくら投資したかが明確になります。そして、それらの金額が出せれば、それぞれ月の収入に対してどれだ

「消・浪・投」の理想の割合を知っておこう

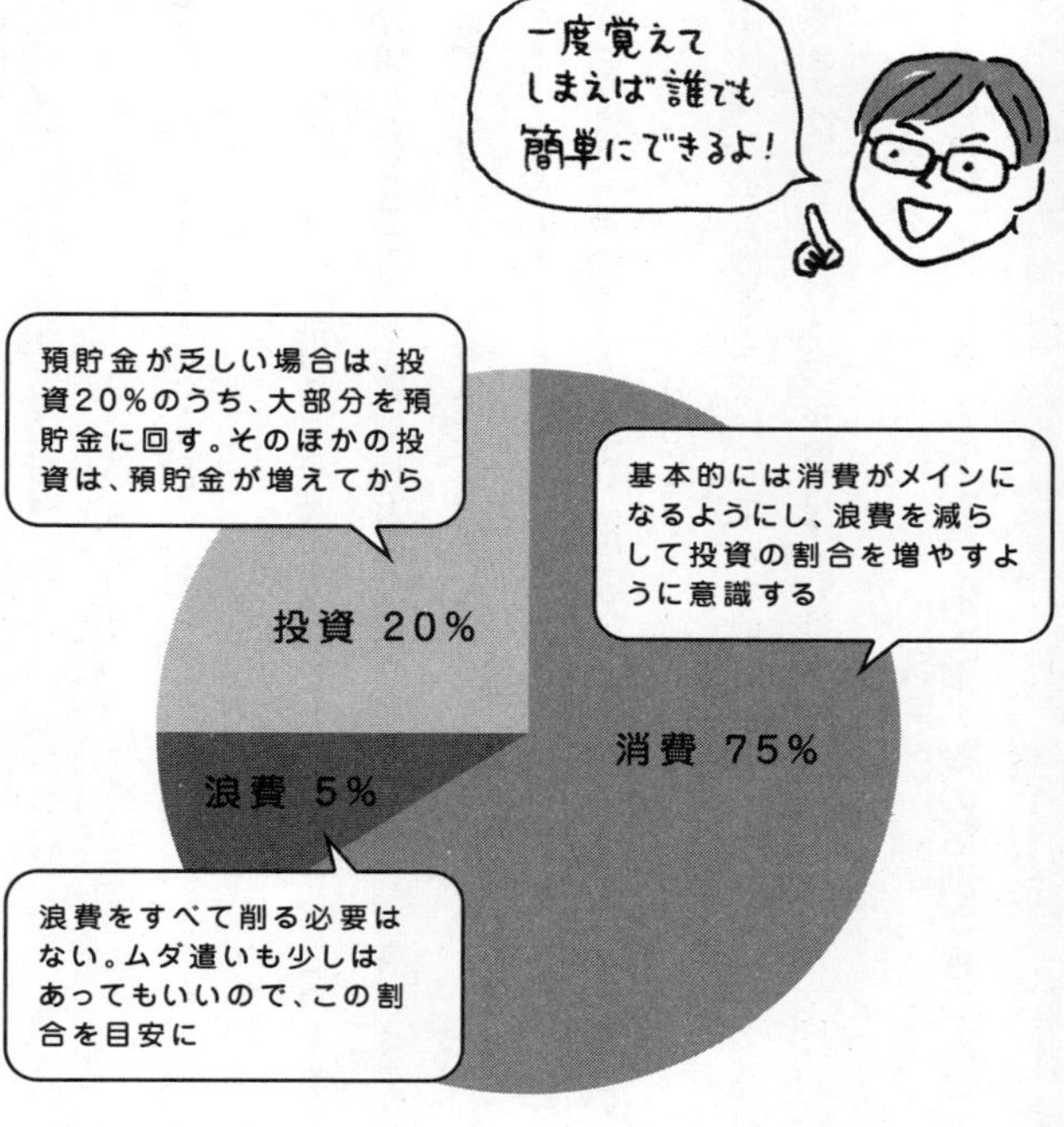
一度覚えて
しまえば誰でも
簡単にできるよ！
預貯金が乏しい場合は、投資20%のうち、大部分を預貯金に回す。そのほかの投資は、預貯金が増えてから
基本的には消費がメインになるようにし、浪費を減らして投資の割合を増やすように意識する
投資 20%
消費 75%
浪費 5%
浪費をすべて削る必要はない。ムダ遣いも少しはあってもいいので、この割合を目安に

けの割合を占めているかもわかります。

なお、消・浪・投には理想的な割合があります。私が経験則で割り出したものになるのですが、**「消：浪：投＝75：5：20」**に近い割合になっていれば、基本的に第一段階はクリアです。

たとえば、月の手取りが20万円の人がいたとしましょう。この人が1カ月の出費を消・浪・投に分類したところ、消費に15万円、浪費に1万円、投資に4万円だったとすれば、前述の理想割合を守れていることになります。

といっても、貯められない人の家計を見てみると、理想の割合に対して圧倒的に浪費が多くなりがちです。そのため、「消：浪：投＝60：35：5」になっていたり、「消：浪：投＝40：58：2」になっていたりもします。

また、中には「浪費はそんなにしていないけれど、消費が多すぎるせいで、投資に回す分を確保できない」「自分への投資は多いけれど、貯金はない」といった人もいるでしょう。

そのような状況になるのは、**ひとえに消・浪・投の区別がきちんとつけられていないからです。**

そこで、これからより詳しく、消・浪・投の区別をつける方法をお話ししていきます。

女子の出費は区別が難しい——ネイルは浪費？　エステは投資？

私がよく相談されるのは、**「どこまでが消費でどこまでが浪費や投資なのかがよくわからない」**という悩みです。

たしかに、消・浪・投の区分けは自己判断によって決まるので、その人の考え方次第で、ほかの人が浪費だと定義する出費が消費になったり、投資になったりもするでしょう。

たとえば、自分を甘やかす傾向の強い人は、「お弁当を作れば食費を安くできるけど、それはやっぱり無理だから、外食のランチ代も消費ということにしておこう」と考えるかもしれません。

外食しても、たとえばおもに社食を使うなどして、安くあげられていればいいのです。

しかし、毎日のように1000円のランチを食べていたら、平日のランチ代だけで月に2万円以上かかることになります。

そう考えると、「1000円以上のランチは週イチで、あとは自炊。それ以上にランチ代を使ったら、その分は浪費にカウントする」などと、**自分で線引きをする必要が出てきます。**

線引きする際の定義は、**「それがなくても生きていける」「それにお金を使うことに対するメリットを説明できない」**といった2つの要素を満たすものが「浪費」になるといえるでしょう。

また、男性にはない女子特有の出費といえば、ネイルやエステ、化粧品代などが挙げられます。たとえば、化粧品は一つひとつが非常に高価で、クリームが一つで1万円を超えたりすることもありますよね。

男性から見ると、1万円超えの化粧品というのは明らかに浪費のように感じられますが、女子のみなさんからすれば、消費であり、投資であるかもしれません。

ネイルも、ネイルサロンでプロに頼めば、1回あたり何千円もかかるはずです。そのほかにも、髪をカットしたりパーマをかけたり、染めたりするために定期的に美容院へ行けば、平均的な男性の2～3倍は料金がかさみます。

眉毛を整えてもらったり、まつげのエクステンションをしたり、エステに通ったり、ボディラインを引き締めるために加圧トレーニングやヨガに挑戦したり——と、相談者の方から聞いた限りでも、美への出費を惜しまない人は多いようです。

言い分として、たとえば「ネイルはもう習慣で、やらないと気持ちが悪いから、消費に分類。安いところを探して行っているし」なんて意見の人もいるでしょう。

同じように、「ヨガはリフレッシュにもなるし、健康的な体になれるから、必要な出費=投資」という人もいるかもしれませんし、「髪の毛を整えるのは最低限の身だしなみだから、絶対に消費」という人もいるはずです。

どれが正解という話でもないので、基本的には、自分の思うように分類してもいいのですが、**分類の仕方があまりにも一般的な価値観からズレていると、浪費はしていないのに貯められないという状況に陥ってしまいます。**

もしご自分で判断できそうもなかったら、仲のいい友達に聞いてみる手もあります。何人かの友達が見て、「それはやりすぎだよ」と言う意見が多かったら、一度、じっくり考え直してみる必要があります。もしお財布に1万円しかなかったら、スポーツクラブに行くか、ネイルに行くか、など二者選択にかけ、自分にとって大切なものを選び出すのもいいかもしれませんね。

予算を意識してお金を使えば、必然的に家計は整う

たいていの人は、消・浪・投で出費を分類すると、浪費の多さに気づくことができて、削るべき出費も見えてくるものです。

ただ、どうしても消費や浪費が多くなってしまい、投資に回せるお金がないという人は、やはり消・浪・投の分類の仕方に問題があるといえます。

そういう人はどうすればいいかといえば、**自分の家計がどれだけ理想的な家計からズレているのか、検証してみるのが一番**でしょう。

その検証に役立てるため、次ページに理想的な家計の割合を掲載しました。これを見れ

理想的な家計の割合
（ひとり暮らしの場合）

家計の項目	支出の割合	費目別の月予算
住居費	30%	6万円
食費	15%	3万円
水道光熱費	6%	1万2000円
通信費	4%	8000円
生命保険料	1.5%	3000円
生活日用品費	2%	4000円
医療費	1.5%	3000円
教育費（自分の）	3%	6000円
交通費	3.5%	7000円
被服費	2.5%	5000円
交際費	4%	8000円
娯楽費	2.5%	5000円
嗜好品	3%	6000円
その他	4.5%	9000円
預貯金	17%	3万4000円

この割合を、月の手取り20万円の人にあてはめると…

※都心部在住で、車が不要な人の場合（車が必要な人は、住居費などを少しずつ削って車関係費用を捻出）

ば、月収に対して、食費には何割お金を使っていいか、住居費には何割お金を使っていいか、預貯金には何割お金を回すべきか——といったことが、一目瞭然《りょうぜん》です。

お金を貯められない人は、予算など決めずにお金を使っているか、予算の決め方がおかしいかのどちらかです。予算を決めなくても、消・浪・投の仕分けによってムダ遣いが見つかり、貯められるようになったらそれでいいのですが、もしそれもできなかったのなら、理想の割合を参考に予算を決めてみましょう。

すると、中にはどうしても予算を大幅にオーバーしてしまう費目もあるはずです。たとえば、「被服費がどうしても2・5%に収まらない」という場合、それは洋服を買いすぎている可能性があるということを意味します。

もちろん、この割合どおりすべて調整していくというのは難しいでしょう。多少の誤差が出るのは仕方ありません。しかし、**この割合を基準にすれば、確実に貯金ができて、無理なく予算を組むことができます。**

たとえば、買いたい服が高くて、被服費を2・5%に収められないという人は、1カ月服を買うのを我慢して、翌月に倍の予算をとるのはどうでしょうか。また、被服費の割合をアップさせるために、スマートフォンをガラケーにして通信費を下げるような方法もあるでしょう。

節約をするということは、何らかの譲歩をしながらお金を使うことです。譲歩なしには貯金はできません。あれこれ工夫しながら予算を守るようにすれば、その譲歩の仕方がわかります。そして、少しずつお金を貯められるようになっていくのです。

第5章

今すぐできる貯金習慣をマスターしよう

規則正しい生活は貯金の第一歩

第4章では、費目ごとの理想的な予算の割合をご紹介しました。

ただ、それまで貯められずに困っていた人が、すぐさま予算の範囲内でお金を使えるようになるのは難しいでしょう。

いきなりすべてを劇的に変えようとしても大変ですし、挫折《ざせつ》しがちなので、最初は無理なくできるようなことから、少しずつ取り組むことをおすすめします。

そこで、私がみなさんに最初に挑戦していただきたいと思うのは、**規則正しい生活をすること**です。「え？　それだけ？」と少し拍子抜けした方もいるかと思いますが、何年もファイナンシャルプランナーとして多くのお客さまと関わってきた私が保証します。

朝は早く起きて、三食をきちんと食べ、時間があるときは、ウォーキングなどの運動もルーティンワークとして行ない、夜は早めに眠る――そんな健康的で、規則正しい生活を送ってみてはどうでしょうか？

仕事柄、早く寝るのが難しいという場合は、毎日でなくても構いません。週に1~2日でもいいので、規則正しく暮らす日を作るようにするのです。

一見すると、貯金とは何の関係もないようですが、実は大いに関係があります。経験上、**だらしない生活から脱却し、生活のリズムを整えられた人は、もれなく貯金もできるようになっている**からです。

だらだらと日々を過ごしていて、朝は可能な限り眠り続け、夜はムダに夜更《よふ》かしをし、食事も適当な状態だと、心の中までもがだらけてくるのでしょう。お金の使い方がルーズになり、ムダ遣いが増える傾向が強くなります。

逆に、きちんとした生活をしていれば、**連動して心の中も整ってきます。**折り目正しく生活しながら、お金の使い方がひどいという人を、私はこれまでに見たことがありません。

それに、早寝早起きをすれば、たいていは電気を使う時間が短縮されるので、電気代の節約にもなります。早く起きれば時間に余裕ができ、「たまにはお弁当を作ってみようか」という気持ちにもなれるかもしれません。そうすれば、最低でも朝・昼と二食は自炊でき、食費の大幅な節約になります。

夜も、早く寝るようになれば体調が整ってくるでしょう。美容にも効果的です。お肌の調子がよいと、高価な化粧品に頼らなくてもよくなりますし、体調不良のため通っていたマッサージや病院にも行かなくてすみます。

また、ある相談者の方は、早寝早起きの習慣を身につけたことで、「ムダな飲み会に参加して、時間を浪費することに抵抗を感じるようになった」といいます。

一度生活のリズムが整ってしまえば、自然とそれを乱すことはしたくなくなっていきます。慣れてしまえば苦にもならないので、だらだら生活のループから抜け出すところから始めてみましょう。

1週間もすれば、体調の変化とともに、支出の変化にも気づくはずです。不規則な生活は、本来お金を使わなくてもよいところにお金を使わなくてはならない、という経済的な不健康さも産んでいるのです。

家が散らかっている人、「ブタ財布」の人は整理整頓に挑戦を

もう一つ、私が実感する法則として、**部屋が散らかっている人はお金を貯めにくい**というものがあります。

家には住んでいる人の人柄が表われるという話を聞いたことがありますが、金遣いにも表われると思います。家がきっちり片づいている人は、お金の管理が上手。逆に、家が散らかっている人は、お金の管理ができておらず、浪費グセも見られるのです。

もっといえば、**財布を見るだけでも、その人の金遣いは見えてきます。**貯められる人の財布は、原則として中身が整頓《せいとん》されています。レシートやポイントカードが無数に詰め込まれてパンパン――というようなことはありません。必要最低限のカード類と現金が、きちんと所定の位置に収められています。

これに対し、貯められない人の財布は、中身がぐちゃぐちゃです。たいていはレシートとポイントカードの詰め込み過ぎで膨れ上がっているので、私はこのような財布を**「ブタ**

財布」と呼んでいます。

財布はその人の内面の縮図のようなもので、ブタ財布の人はだいたい家も散らかっています。

パッと見は散らかっていなかったとしても、引き出しを開けると中身がグチャグチャという人も多いでしょう。さらに、冷蔵庫の中は、賞味期限切れの食材が溢《あふ》れかえっていたりもします。

ブタ財布の人や、部屋を片付けられない人はどうすればいいかといえば、**まず、貯金を考える前に整理整頓すること**をおすすめしています。

これまた貯金と関係ないことに見えますが、ゴミ屋敷並みに家が散らかっているという相談者の方が、貯金より先に家を掃除したところ、信じられないほど貯金へのモチベーションが上がり、貯められるようになったという実例があります。

やはり、規則正しい生活をすることが大切なのと同様に、**生活の基盤である住空間が整うということも、貯金できる人に変わるためには非常に重要**なのです。

家がきれいになれば、どこに何があるかもわかるようになります。そのため、家にあるものを誤って買い足すようなこともなくなり、ムダ遣いを減らすことにもつながっていきます。

家の片づけが手間取りそうなら、まずはブタ財布の整頓から始めましょう。カード類は必要最低限に。現金も、やたらと小銭がたまったら、貯金箱などに移してみてください。たとえば、レシートは毎日取り出し、小銭も、たとえば毎日100円と500円は貯金箱に移す——などのルールを設けておけば、ブタ財布とサヨナラできるでしょう。

クレジットカードは2枚におさえる

前の項で、カードを整理することをおすすめしましたが、多くの人の財布に入っているカードには4種類あります。キャッシュカード、クレジットカード、電子マネー、ポイントカードです。

特に増殖しがちなのはポイントカードです。**ポイントカードは、週に最低1回は行くお店のもの以外、全部財布から出してしまいましょう。**ポイントカード専用の箱などを作り、あまり使わないものはその中にしまっておくといいですね。

ポイントは貯めないと損のように思いがちですが、たまにしか行かない店だとポイントはなかなか貯まりません。特に、有効期限があるお店のポイントは、貯められずにムダにしてしまうケースも多いものです。

これだと、ポイントをムダにしないためにお金を使ってしまう――といった本末転倒なパターンにもなりかねないので、それなら最初から貯めないほうがいいでしょう。

クレジットカードは、1~2枚あれば十分です。ポイントを貯めるためにも、多くのカードを使い分けるより、1~2枚にしぼって使ったほうが貯まりやすくなります。

また、防犯の面から考えても、あまりに多くのクレジットカードを持っていると、万一盗難に遭ってもすぐには気付かず、**不正利用されて多額の請求が来た時点で初めて気付く**ようなことになりかねません。

そのため、家に眠っているクレジットカードも含めて、**いらないカードは一気に解約してしまいましょう。**面倒くさくても、一気にやると終わったときにはかなりすっきりした気分になれるはずです。

そして、**一度処分したら、絶対にそれ以上安直に増やさない**ようにしてください。割引サービスなどと抱き合わせで、カードを作らせようとするお店などもありますが、本当に**自分がよくお金を使う場所を考えて、ポイントの貯まりやすい1枚を選びましょう。**

電子マネーも、交通系カードやスーパー、コンビニで使えるものなど、一～二種類持っていれば十分です。交通系カードだけでも何枚も持っているような人もよくいますが、それではどのカードにいくらチャージされているかがわからず、お金のムダになりかねません。

キャッシュカードも、メインバンクのものが1枚あれば十分でしょう。貯金用に使っている口座のカードはほぼ使わないはずですし、持ち歩いていると使ってしまいたくなる危険性もあるので、家に置いておくのが無難です。

自宅に置いておく場合、空き巣による盗難などが不安なら、暗証番号を簡単に推測できないものにしておくなど、自衛策をとってください。

現金とデビットカードがあれば、カードなしでも不自由しない

クレジットカードは持っていてもいいのですが、カードを使ってしまうおかげで浪費しがちだという人には、**一度カードを手放す**ことをおすすめします。

いうまでもなく、カードがあれば、お金がないときでも支払いができるので、非常に便利です。けれども、その便利さゆえ、予算以上にお金を使いすぎてしまい、結局貯金ができない、もしくは貯金を取り崩すような状況になっている人も多いでしょう。その場合は、カードを使わないようにするだけで、状況は改善できます。

しかし、財布に入っているカードを急に使わないようにするというのは難しいもの。ですから、カードの契約自体を打ち切り、ハサミを入れて使えなくしてしまうのが一番効果的です。

「でも、海外旅行に行ったりすると、やっぱりカードは必要になるから、解約するのはちょっと……」という人もいるかもしれません。たしかに、海外旅行ではカードがないと困

ブランドデビットカードの特長

①即時決済なので、消費の抑制効果がある

クレジットカードと同じような感覚で使えますが、使うたびに自分の銀行口座から即時決済されるので、借金になりません。そのため、家計管理を混乱させずにすみます。

②無審査で入れる

通常、クレジットカードは審査が必要になりますが、Visa や JCB のデビットカードの場合は必要なし。16 歳の高校生でも持つこともでき、気軽に作れるのも魅力です。

③Visa や JCB が使える場所ならどこでも使え、利用範囲が広い

Visa や JCB の加盟店であれば、ほとんどどこでも使うことが可能（一部、使えない場所もあります）。
そのため、基本的にはクレジットカード OK の場所ならどこでも使えると思ってよく、利用範囲は国内外、かなり広範囲にわたります。

④海外でも便利に使える

海外でも国内と同じように即時決済可能。そのため、手数料を気にして両替をする必要性もなくなります。また、世界中の ATM で自分の預金を現地通貨で引き出せる、国際キャッシュカードとしても使えます。ただし海外で使うときのレートはクレジットカードよりも高い。

ることもあります。

このようなときは**無理に解約せず、親など、信用できる人に預ける**というのはどうでしょうか？

私も、カードの使いすぎに悩む相談者の方から、カードを預かることがあります。カードに頼らずに家計をやりくりできるようになるまで、どれくらい長期間でも預かります。

ただし、年会費のかかるカードの場合は、その年会費がムダになるので、年会費無料のカードを残すべきでしょう。

あまり現金を持ち歩きたくない――といった理由で、どうしてもカードで買い物をしたい人には、ＶｉｓａやＪＣＢといった国際ブランドがついた**「デビットカード」**が最適です。

これは、使うと銀行口座から使った分のお金がその場で引き落とされるもので、**クレジットカードのようにタイムラグがないのが特長**です。ＶｉｓａやＪＣＢの加盟店であれば、原則として世界中どこでも使用できます。

クレジットカードのように分割払いやリボ払いなどもできないので、口座から現金を引き出して使うのと同じような感覚で利用できます。使いすぎても、口座の中身が空っぽに

VISAデビットカードを取り扱う銀行

あおぞら銀行
近畿大阪銀行
スルガ銀行
楽天銀行
住信SBIネット銀行
琉球銀行
埼玉りそな銀行
三井住友銀行
北陸銀行
イオン銀行
ジャパンネット銀行
三菱東京ＵＦＪ銀行
りそな銀行
常陽銀行
北國銀行
ソニー銀行
西日本シティ銀行

JCBデビットカードを取り扱う銀行

沖縄銀行
名古屋銀行
もみじ銀行
紀陽銀行
東邦銀行
北陸銀行
イオン銀行
七十七銀行
西日本シティ銀行
千葉銀行
楽天銀行
親和銀行
熊本銀行
北洋銀行
愛媛銀行
福岡銀行
北九州銀行
山口銀行
セブン銀行
大垣共立銀行
みずほ銀行
秋田銀行

買い物をするたびに、
銀行の残高が分かるので
無駄遣いも減るわね

なるだけで、「今月は返済できないかも……困った！」などということにはなりません。

ＶｉｓａやＪＣＢがついたデビットカードは銀行で作ることができますが、すべての銀行で導入されているサービスではありません。しかし、**三菱東京ＵＦＪ銀行やりそな銀行、楽天銀行など、主要な銀行でも取り扱っている**ので、ぜひ活用してみてください。

1日に財布を開ける回数をカウントしてみよう

みなさんは、自分が1日に何回くらい財布を開けているかわかりますか？　私はわかります。というのも、私は**財布を開くたびに、その日財布を開いた回数をカウントする**クセがついているからです。

何度もパカパカと財布を開けている人は、その分お金を使う機会が多いということなので、出ていくお金も多くなります。

喉《のど》が渇いた……と自動販売機を使い、何となくコンビニに立ち寄ってお菓子などを買い、ちょっと時間が空くとカフェに入り、用もないのにデパートをうろうろし、目についたものを買ってしまう——誰もがやりがちなことですが、気を付けていないと何度も財布を開け、どんどんお金を使ってしまいます。

試しに、みなさんも1日に自分が何回財布を開けているか、カウントしてみましょう。**ムダ遣いが多い人は、1日に5～10回くらいは財布を開けている**はずです。中にはそれ以上という人もいるかもしれません。

これに対し、**ムダ遣いをせず貯金できる人は、ほとんど毎日0～2回くらいに収まっている**ものです。

交通費を別にすると、「仕事をしていて、お金を使わない日なんてありえない」と感じる人もいるでしょう。しかし、昼はお弁当持参で、朝晩は家で食べるようにすれば、食費のためにお財布を開けることはなくなります。

食材は買う必要がありますが、おひとり様女子のひとり暮らしだとしたら、それほど頻《ひん》繁《ぱん》に買いに行く必要はなく、週1～2回のまとめ買いでも事足りるでしょう。

また、ついついスターバックスでコーヒーを買ったり、コンビニでお茶を買ったりしてしまう人も多いと思いますが、これは**水筒を持参すれば簡単に節約できる出費**です。最近はおしゃれな水筒がたくさん売られていますし、実際に持ち歩いている人も多いので、それほど抵抗なく導入できる習慣ではないでしょうか。

極力財布を開けないことを意識して生活すると、夜家に帰ってから「今日は財布を開けた回数がゼロだった！」という達成感を得られます。この達成感を得るために、**財布を開けないことをゲーム感覚で楽しむことができればベスト**です。

普段はそのようにしてお金を使わずに過ごし、たとえばバーゲンのときなどにお金を一気に使う（このときばかりは、財布を開ける回数は気にしなくてもOKです。もちろん、上限は決めておくべきですが……）ような、メリハリをきかせたお金の使い方ができれば、必ずお金を貯められる人になれます。

習慣化しているネットショッピングをやめてみる

ここ数年、おひとり様女子からの相談の中で、非常によく耳にする浪費の原因といえば、ネットショッピングです。

仕事から帰って夜のんびりくつろいでいるときに、パソコンやスマートフォンでショッピングサイトを覗《のぞ》いては、ついつい買ってしまうという人――読者のみなさんの中にも多いのではないでしょうか？

ネットショッピングは好きな時間に商品をじっくり検討できて、店舗より安く買えることもしばしばです。しかし、**便利で気軽な分、ついうっかりと散財しがちなのがネットショッピングの落とし穴**でもあります。

ネットショップの運営者側は、集客のためにあの手この手の策を弄《ろう》しています。それが商売なのですから責められはしませんが、客である私たちは、まんまと乗せられないように自制心を働かせながらショッピングをするべきです。

しかし、いつも自制心を働かせられるとは限りません。よくネットショッピングをしている方ならおわかりになると思いますが、何か一つの商品を選ぶと、ほかにも似たような商品が「おすすめ」として表示されたり、以前チェックしたものの、買わなかった商品が「過去に閲覧した商品」として表示されたりすることがよくあります。

せっかく一度買わずに済ませられたものでも、再び目にすると、「やっぱりほしいかも」と思うこともあるでしょう。また、おすすめ商品を勝手に分析されて表示されると、何となく腑《ふ》に落ちないものはあっても、「たしかに、ちょっとほしいかも」などと、購買意欲を刺激されることにもなりがちです。

よく聞くのは、Ａｍａｚｏｎで本を買い、そのときに「よく一緒に購入されている商品」「○○をチェックした人は、こんな商品もチェックしています」などと表示された商品を、つい衝動買いしてしまうケースです。

特に、頻繁に利用するサイトになると、住所やクレジットカードの情報まですべて登録されているので、ポチッとクリックするだけで、一瞬にして買い物が完了してしまいます。

高額なものに関しては多少迷うでしょうが、ちょっとした本や雑貨、食品などのようにそこまで高くないものだと、ムダ遣いは多くなりがちです。

そんな経験を多数してきた人は、思い切ってネットショッピングをやめてみてはどうでしょうか。

ネットで買えるものは、たいてい店舗でも買えます。**ネットショッピングをやめればムダ遣いに加えて、それまでネットの徘徊《はいかい》に費やしてきた長い時間の浪費も減らすことができる**ので、思い切って挑戦してみてください。

買い物の5割は、買っただけで満足している!?

食材、日用品、衣類、雑貨など、あらゆるものについていえることですが、買ってそのまま使わずに、ムダにしてしまうものがあります。

たとえば食材。必要なものを必要なだけ買っているつもりでも、ときには食べきれずダメにしてしまうもの、パッケージを開けもせずに捨ててしまうものもあるのではないでしょうか?

これは過去の京都市のデータですが、調査で生ごみの中身をチェックすると、**生ごみ全体のうち食べ残しは全体の約4割を占め、さらにその半分以上が手付かずの食品**だったといいます。

手付かずの食品は、お菓子やパン、調味料などが多かったそうですが、もちろん肉類や魚介類なども少なくはないといいます。

みんながみんな、手付かずの食品を捨てているわけではないにしても、これほどムダになっている食材が多いとは、何だかゾッとしてしまいますね。

食材だけでなく、「いつか必要かも」と思って買ったものの、まったく使っていない洗剤や掃除用品、文具、調理器具など、棚や引き出しの中に眠っていないでしょうか？ 着ていない衣類、ほとんど履《は》いていない靴、ずっと出番のないバッグなども、多くのおひとり様女子が所有しているのではないかと思います。

実際には使っていないブランド品のバッグがあったとして、それを毎日のようにうっとり眺《なが》めては満足しているような場合は、ある意味役に立っているのでいいでしょう。

ですが、買ったはいいけど使いにくかった――などの理由で、ホコリを被《かぶ》ったまま棚の奥深くに押し込まれているとしたら、買った意味はまったくありません。

ブランド品などは特にそうですが、**必要に応じて買うのではなく、買うこと自体が楽し**

く て、**お金を使ってしまう人もいます。**

つまり、買い物という行為に満足しているのであって、買ったもの自体は家に持ち帰ってみると、急速に魅力が薄れてしまうのです。

買い物をしているときは、「家にこれがあったらいいかも」と、あまり考えずに買ってしまい、その結果、封も切られないものが家の中に溜《た》まっていく――これではもったいなさすぎます。

が、貯められない人の場合、買い物の5割くらい、必要のない買い物でお金をムダにしている場合も珍しくないのです。

衝動買いはNG！　いったん家に帰って考える

必要のないものを買わないようにするためには、**衝動買いをやめる**必要があります。もし、「予定になかったけれどほしい」と思うようなものを発見しても、すぐには手を出さず、いったん買わずに帰ってください。

家に帰って本当にほしいかどうかを考えて、一晩眠り、朝起きてもまだ強く「ほしい！」という気持ちがあるのなら、購入してもいいでしょう。

Ａｍａｚｏｎでも、ちょっと気になる本などを見つけて、どんどんカートに放り込むのはいいのですが、それを全部買っていたら大散財してしまいます。そこで、「今は買わない」として、しばらく置いておくことをおすすめします。

私も経験がありますが、後日見ると、「何でこれを買おうと思ったのかわからない」ということもままあるものです。このように、**ワンクッションを置くことを習慣化することで、ムダ遣いは確実に防止できます。**

相談者であるおひとり様女子の方の話を聞いていると、女性が**特に衝動買いしやすいのは、衣類とお菓子**なのではないかと感じます。

衣類は、何となく立ち寄った店で気に入ったものを見つけてしまい、予定もしていなかったのについつい買ってしまった――というケースが大半です。

しかし、何も計画せずに買うと、とかく「すでに似たようなものを持っているのに買ってしまった」「ほかの手持ちの服と合わせようのないものを買ってしまった」といった事態をしばしば引き起こします。

そこで、私がおすすめするのは、**一度手持ちの服を整理して、買い足したいものをリストアップする**ことです。衣替えついでにやってみるといいでしょう。

そして、そのリストに載っていないものは、原則的に買わない。あるいは、買ったらすでにあるものを処分するというルールにするのです。そうすれば、似たような服、使えない服がムダに増殖する事態を防ぐことができます。

お菓子に関しては、圧倒的に「コンビニで新製品を見つけて、つい買ってしまった」という声が多くなっています。コンビニは、スーパーと違って、安売りをしていないことが多いので、おトクに買い物することができません。

どうしても買いたいなら、安売りのスーパーなどで買うべきでしょう。が、コンビニにズラリと新製品が並んでいると、ついレジに持っていきたくなるものです。

そのため、**基本的にコンビニは、用事がないとき以外行かないほうがベター**だと思います。**通勤電車を降りて、家路につく途中、ふらりとコンビニに寄る習慣の人は、まっすぐ帰宅するようにしてください。**

孤独を埋めるための通信費&交際費はただの浪費！

相談者のおひとり様女子に、「私、寂しがり屋なんですよ」という人がいました。彼女はその言葉どおり、片時もスマートフォンやタブレットを手放さず、まめに友人や会社の同僚などと連絡を取り合っていました。

フェイスブックなどのSNSにも当然登録していて、会社でも上司の目を盗んで閲覧し、頻繁にチェックをしないと気が済まないといいます。ツイッターで誰かが一言「ヒマだな」などと呟《つぶや》いただけでも、彼女は何らかのレスポンスをしてあげます。そういう律儀な人、たしかにたまにいますよね。

もちろん、飲み会などの誘いも断らないので、彼女の交際費はかさむ一方です。おかげで、友人仲間や同僚などからは、飲み会要員と位置付けられているのでしょう。方々から声がかかります。

彼女はそれを嬉《うれ》しく思っていたようですが、断われない性格でもあるため、「今月お金を使いすぎているからパスしたいなぁ」と思っても、誘いを無下に断わったら悪いという気持ちになってしまうというのでした。

この断われない性格と、通信端末への依存のおかげで、彼女の交際費&通信費の合計は、月々7万～8万円にも及んでいました。寂しさゆえに、毎月こんなにもお金を使っていたら、当然貯金は増えていきません。

しかも、彼女いわく、飲み会は楽しい反面、いつも同じような話題（上司の悪口など）に終始しているそう。また、合コンもそれほど楽しいわけでもない。始終覗いているSNSにも、「どこかで疲れている部分もある」と彼女は話すのでした。

本当に会いたい人と会って、有意義な時間を過ごすために使う交際費ならいいのです。それが**自分のためになり、たとえば人脈作りにつながるような場合は、投資として積極的にお金を使ってもいいでしょう。**

しかし、**孤独を紛らわせるためだけに、それほど気の進まない飲み会に行き、何となく楽しめないまま疲れて帰ってきたり、SNSをチェックするためにスマートフォンやタブレットに多額のお金を払うのは、お金と時間のムダ遣いです。**

人付き合いは大切といっても、飲み会に毎回行く必要はあるのでしょうか。上司に強制的に連れて行かれるようなノリの職場もあるかもしれませんが、それに常に流されるのではなく、うまく立ち回って自分の時間を確保することも必要です。

まずは、**普段の交際費を分析して、「その相手に本当に会いたいか」という基準で、必要なものと不要なものを仕分けしてみましょう。**また、**SNSも、荒療治でいっそやめてしまうのもいいでしょう。**

そのSNS依存の彼女も、後日思い切ってスマートフォンをガラケーに変更し、フェイスブックやツイッターをやめたそうです。すると、不便になるどころか、「案外スッキリして、空いた時間を有効活用できるようになりました。もちろん、通信費も安くなったし」と話していました。

毎日何らかの「記録」をつけることを習慣化する

いろんなことが続かない性格を自認する人は、一定数存在するのではないでしょうか。

たとえばスポーツクラブ。勇んで入会したものの、数カ月でやめたという人の話は、これまでに何度聞いたかわかりません。

というより、継続して通えている人のほうが周囲では珍しいくらいですが、私の知るスポーツクラブ通いをずっと続けている人は、家計簿もずっと継続できています。この人のように何事も継続できる力を持った人は、それほど苦労せず貯金できるでしょう。

逆に、続かない性格の人はどうやって節約と貯金を続けていけばいいのでしょうか？

思うに、このような人は、すぐに中途半端で投げ出しがちな自分の性格を熟知しているので、最初から「どうせ続けられないだろうな～」という感じでことに臨むフシがあります。相談者の方を見ていてもみんなそうです。

しかし、最初からこれでは確実に挫折するので、「今度ばかりは絶対続けてやる！」と気合を入れてください。そして、**まずは「何かを続ける」というところから始め、自分でも継続できるのだという自信を得ましょう。**

では、何を続ければいいかといえば、おすすめは毎日日記やメモを書くことです。といっても、長文である必要はまったくありません。その日あったことなどを1～2行メモる程度で十分です。通勤途中に、スマートフォンにメモって保存するだけでもいいでしょう。

それができるようになったら、加えて1日に使ったお金を書くようにしていきます。毎日、いくら使ったか記録していけば、節約意識はだんだん高まっていきます。

これができるようになったら、短期間でもいいので家計簿に挑戦してみましょう。すでに、継続的に何かやることをクリアしてきているので、いきなり家計簿に挑戦するより、継続できる可能性は高まるはずです。

また、家計簿を開くという作業は基本的に面倒なものなので、**お金のことを記録する以外の付加価値をつける**という手もあります。

たとえば、ダイエット中で、毎日ジョギングをする習慣の人は、走った距離や体重などを家計簿に記録しましょう。そうすれば、必然的に家計簿を開く回数を増やすことができます。

「一つのことも続けられないのに、節約とジョギング、両方続けるのはキツイ」というご意見もいただきますが、実際には逆で、むしろいくつかのことを並行してやったほうが、継続しやすくなったりもします。それは、相談者の方を見ていても実証済みです。

家計簿を日記やメモ代わりにも使ってみよう

●月×日	●月×日	●月×日	●月×日
Aスーパー 食材 1200円 日用品800円		Aスーパー 食材 1000円 B食堂 ランチ 500円	飲み代3000円
ランニング 40分 体重 52kg	体重 52.3kg	ランニング 50分 体重 51.5kg	体重 52.1kg
memo 今日は早起きできて、お弁当を時間かけて作れた♪	memo 雨でランニングできず。残念。今日は1回もお財布を開けなかった。	memo 明日飲み会だから多めに走った。明日は飲みすぎ、食べすぎに注意しよう。	memo 今日のお店、おいしかった♪また行きたいな。

何かに挑戦しようと思い立つときは、モチベーションがアップしているので、うまくすればいくつものことを同時並行でやっても、成果が得られるのです。

当たり前の消費を疑ってみる。「あ、これいらないかも」を探す

前述の「ものすごく行きたいわけでもない飲み会」が浪費であるのと同様に、**普段当たり前のようにお金を使っていることが、実は当たり前ではなく、よく考えてみれば不要な出費だった――と気づくことがあります。**

私にとっては通信費がそれにあたります。当初は、「携帯電話というのは便利なものだし、お金がかかっても仕方ない」と、あまり気に留めていなかったのですが、あるときふと「何で、たかだか電話にこんなにお金を払わなければいけないんだ」と思ったのです（読者のみなさんに関連業界の方がいらしたら申し訳ありません）。

それからは、いかにして通信費を削るか、神経をとがらせるようになりました。割安な

端末を買い、家族間でキャリアをそろえ、無料通話などの割引サービスを活用するのはもちろんのこと、タブレットもテザリング（スマートフォンを外付けモデム代わりにして、パソコンなどをインターネットに接続させること）を活用し、通信費を極力押し下げています。

私にとっての通信費のように、みなさんにとっても、「今までは払っていたけど、やっぱり当たり前と思って払うべきではなかった」と思えるような出費はあるのではないでしょうか？

たとえば、高価な化粧品。なくなれば買い足す――を繰り返し、何となく続けているとしても、その商品は本当に、それだけの金額を出す価値があるのでしょうか？　もっと安く、肌にも合う商品があるのではないでしょうか？

通っている習い事。友達と誘い合わせて始めたものの、考えてみればただのヒマつぶしで、それほど役にも立っていない場合もあるでしょう。

健康によいと信じて購入し続けている食品やドリンク、サプリメント。本当に効果が出ているのでしょうか？　それをやめたら、みるみるうちに老化して、肌がくすんでくる――などと信じているとしたら、その根拠は信じるに足るものですか？

おしゃれな美容室で、毎月腕のいい担当者を指名し、指名料込みで1万円前後のお金を支払っていたとしましょう。自分自身が気分よくなれたり、周囲に褒められたりするとしても、毎月それほどの金額を拠出する価値はあるのでしょうか？　高い費用対効果が得られているのでしょうか？

あるいは、「もうあんまり面白くない」と思いつつ、惰性で買い続けているマンガや雑誌。やめてみても何ら支障はないのではないでしょうか？

このように、**固定費として出ていっているさまざまな出費について、1件1件自問自答すると、「あ、これいらないや」にいくつも出会えるかもしれません。**

第6章
夫がいなければお金に稼いでもらおう

「使う」「貯める」「増やす」――3つの財布を所有すべし

生活習慣を見直し、少しずつ行動や生活様式を変化させていけば、次第に貯金は少しずつでも増えていくことになるでしょう。

ある程度まとまった貯金ができるようになったら、考えていただきたいことがあります。それは、**3つの財布を持つ**ことです。財布といっても、実質的には金融機関の口座のことなのですが、あえて財布と呼んでいきたいと思います。

3つの財布の名称は、それぞれ「使う財布」「貯める財布」「増やす財布」です。

まず、**使う財布とは、その名のとおり、日常的にお金を出し入れするメインバンク、給与振込口座を指しています。**

お金を貯められない人は、その使う財布が給料日直前にほとんどなくなってしまうか、毎月の給料日直前の残高（貯金と呼べる部分）が、ずっと増えない状態になっているはずです。

貯金ができるようになっていけば、少しずつこの使う財布の残高が増加していくでしょう。

すると、わりとよくいるのが、「お金が少し増えてきたし、ちょっと投資でもやって増やしてみようか」という人です。

投資自体はみなさんにおすすめしたいところですが、**まだ貯金がようやくできつつあるくらいの段階で、投資を始めるのは絶対にNG**です！

というのも、人生ではいつ、何が起こるかわかりません。突然重い病気になったり、失業したりと、予期しないタイミングでまとまったお金が必要になる局面もあるでしょう。そこまで大変な事態にならなくても、日常的に冠婚葬祭などで、急にお金が必要になることはあります。

そんな事態に備えて、**ある程度まとまったお金を、すぐ出せるところに確保しておくことは、誰にとっても重要なこと**です。

まだ貯金がそれほどないのに、お金を投資に回してしまったら、すぐ出せるところにお金を確保しているとはいえません。投資対象となる金融商品の多くは、簡単に解約できなかったり、元本保証ではないために、急に解約したくなったタイミングで元本割れしていたりする場合があるからです。

そのため、**まずは投資のことは忘れ、ある程度の金額を使う財布に貯めることから始めるべき**です。そのある程度の金額というのは、**目安として月収の1・5倍**と思っておきましょう。月収20万円なら、30万円です。

使う財布には、給料日になるとドッとお金が増えるでしょうが、**生活費を使って、次の給料日の直前にも月収の1・5倍にあたる金額を残せるようになったら、それを超える分は、貯める財布に移しましょう。**

つまり、月収20万円の人が、普段使っている口座に30万円貯金することができたら、30万円を超える分について、別の口座にお金を移していくということです。別の口座というのは、基本的には銀行口座です。

この時点でも、まだ投資を考えることはおすすめできません。何かあってもしばらくは生活できるくらいのお金――目安は、現在の月収の半年分くらい（月収20万円なら120万円）を、貯める財布に準備するのが先決です。

「3つの財布」を用意しよう

❶使う財布
日常的に使う生活費を入れておく場所=メインバンク(給与振込口座)。月収の1.5倍までが目安

❷貯める財布
何かあっても生活に困らない程度のお金を蓄えておく場所=定期預金や財形など。月収の半年分が目安

❸増やす財布
ある程度現金を蓄えたら、それを超える分のお金を働かせるために入れて置く場所。証券口座など。

●お金の入れ替え方のシミュレーション

［現状］

使う財布のみ → 毎月20万円入ってくるが、さまざまな引き落としや生活費を支払ったら、ほとんど残らない。残額は毎月10万円前後で、この状態が何カ月も続いている

つまり、この時点の貯金は10万円

［貯金開始&財布分けを開始］

〈使う財布〉
30万円を超える分は「貯める財布」へ移動
追加の貯金 20万円
元々の貯金 10万円
合計30万円
※このお金は取り崩さない
使う財布の目標金額達成!
まずは①の道へGO!
❶ → 〈貯める財布〉
❷ → 〈増やす財布〉

〈貯める財布〉
120万円を超える分は「増やす財布」へ移動
どんどん貯金して、最低120万円(月の手取りの半年分)を目指す
※何か大事(失業・病気など)が起こらない限り、この120万円も取り崩さないようにする
※定期預金にし、普段触らないようにしてもOK

貯める財布がいっぱいになったら、使う財布から直接増やす財布にお金を移動する

〈増やす財布〉

投資信託、国債、株などで増やしていく。もちろん、もっと貯金を増やしたければ、定期預金をしてもOK

貯める財布として適しているのは、**定期預金や財形**です。仮に、毎月3万円ずつ定期積立預金で貯めると決めたとしたら、使う財布の口座から、給料日に自動で定期積立口座に3万円が移動するようにしておくと理想的です。

もちろん、自動積立ではなく、手動で移しても構いません。**とにかく、使う財布に一定以上のお金を入れておかないようにすることが大切**です。

というのも、使う財布は預貯金の「普通」口座でしょうから、簡単に引き出すことができ、魔が差してムダ遣いしたくなったときにも、簡単にできてしまいます。

その点、**定期預金に入れていたり、近くにATMがないなど、簡単に引き出しにくい銀行の口座にお金を入れておいたりすれば、ある程度の抑止力が働きます。**

世の中には、使う財布だけでお金を管理している人もいますし、それでガンガン貯められている人もいるでしょう。しかし、それはそもそもお金を貯めるのが苦にならない人だけです。

貯めるのが苦手な人が、使う財布と貯める財布を一緒くたにしていると、結局貯金が増えていかない（増えたとしても順調には増えない）**ことが多い**ものです。それに、**生活費を差し引いて、今純粋に貯金といえる部分が結局いくらなのかわかりづらく、「貯金が増え**

ている」という実感も得づらくなります。

貯金が増えているという実感を得ることは、貯金を継続する上での強いモチベーションになります。これが得られないのは非常にもったいないことなので、面倒でも使う財布と貯める財布は必ずわけるようにしてください。

貯める財布に月収の半年分程度のお金を貯めることができたら、それは長期の定期預金にでもして、手を付けずに放っておきましょう。そして、それ以上に貯まったお金は、いよいよ増やす財布へと移します。

増やす財布というのは、お金を使ってお金を増やす——つまり投資に回す口座にお金を入れることを指しています。

そこで、ここからは、この使う財布に入れたお金でどんな商品に投資をするかという話を中心に、今後みなさんが関わる可能性のある初心者でも分かりやすい金融商品について解説していきましょう。

【預貯金】ネットバンクや定期をうまく使おう

まず、私たちにとってもっとも身近で、基本中の基本ともいえる金融商品は、預貯金です。預貯金というと、「金融商品」というイメージはあまりないかもしれませんね。金融商品とは、銀行や証券会社、保険会社など、金融機関で取り扱う商品全般を指しているので、預貯金もあてはまります。

みなさんの中に、預貯金の口座を一つも持っていないという人は、恐らくいないでしょう。むしろ、ほぼ空っぽの口座をいくつも持っているという人のほうが多いのではないでしょうか?

完全に空っぽならいいのですが、お金を入れっぱなしでずっと放っておくと、その口座は**「休眠口座」**に認定され、入っていたお金は金融機関の収入になってしまいます。休眠口座に認定されるのは、原則として**「最後の取引から10年が経過している口座」**です。

手続きをすれば、後で払い戻しもできますが、それも面倒なので、休眠口座を作らない

都市銀行とおもなネット銀行の定期預金金利
(2017 年 10 月 10 日現在)

都市銀行

銀行名	1年	3年	5年
みずほ銀行	0.01%	0.01%	0.01%
三井住友銀行	0.01%	0.01%	0.01%
三菱東京 UFJ 銀行	0.01%	0.01%	0.01%
りそな銀行	0.01%	0.01%	0.01%
ゆうちょ銀行	0.01%	0.01%	0.01%

※都市銀行とは、大都市に本店があり、支店を全国の広範囲にわたって有している銀行のこと。

おもなネット銀行

銀行名	1年	3年	5年
イオン銀行	0.05%	0.1%	0.1%
オリックス銀行 e ダイレクト預金～インターネット取引専用預金	0.1%	0.16%	0.25%
じぶん銀行	0.05%	0.03%	0.03%
ジャパンネット銀行	0.02%	0.02%	0.02%
住信 SBI ネット銀行	0.02%	0.02%	0.02%
セブン銀行	0.02%	0.02%	0.02%
ソニー銀行	0.02%	0.02%	0.02%
大和ネクスト銀行	0.1%	0.1%	0.1%
楽天銀行	0.03%	0.03%	0.04%

※100 万円を預け入れた場合の金利（年率、税引き前）

ように注意すべきでしょう。**いたずらに口座を増やすと、休眠口座を作る因《もと》になるので、よく使う2～3の金融機関に限定して、お金を預けてください。**

よく使う2～3の金融機関といっても、おもに利用するのは、給与が振り込まれたり、家賃や光熱費などが引き落とされたりするメインバンクだと思います。そのメインバンクを、みなさんの「使う財布」にしてください。

続いて、「貯める財布」が必要になってきますが、これはよく吟味して預け先を決めたほうがいいでしょう。

先ほど、貯める財布には定期預金を利用するか、引き出しにくい銀行を選ぶことをおすすめしましたが、それに加えて、**どうせ貯めるなら「金利がよい銀行を選ぶ」という視点も持っておきたい**ところです。

それでいうと、**町中に店舗がある都市銀行（メガバンク）よりは、ネット専業銀行のほうが金利は高くなります。**

たとえば、2017年10月現在、都市銀行の定期預金金利（1年もの）は、だいたい横並びで0・015%ほどです。

これに対し、某ネット銀行の定期預金金利（1年もの）は、0・02〜0・1％。つまり都市銀行よりも高い金利がつくのです。

とはいえ、それではネット専業ではない銀行が負けっぱなしかといえば、決してそうではありません。

今、多くの銀行では、店舗以外に**ネット支店**や**ダイレクトバンキング**というものを用意しています。ネット支店とは、パソコンや携帯電話などからアクセス可能な、ネット上だけに存在する支店です。ダイレクトバンキングとは、家にいながらネット上で振込や定期預金の申し込みなどができるサービスのことです。

このネット支店やダイレクトバンキング経由で定期預金に申し込む場合、**同じ銀行でも、店舗で提示されているより高い金利が適用される場合があります。**

その傾向がとりわけ顕著なのが、地方銀行です。地方銀行は、その地方に在住していない人には縁がないものですが、そのネット支店であれば、全国どこからでも簡単に口座開設ができます。

お金を貯めるだけなら店舗に行く必然性もないので、ネット支店に口座を持つことには、何のデメリットもありません。地方銀行のネット支店は非常に高金利の定期預金を用意しているところもあり、さらには店舗がない分、気軽に引き出しにくい側面もあるため、貯める財布には非常に適しているのです。

また、金利ばかりでなく、地方銀行には**宝くじつきやプレゼントつきなど、預けると特典のつくユニークな定期預金もある**ので、チェックしてみましょう。

【国債】日本の国債は低利回りだが、「安全なお金の置き所」としては◎

貯金しかしていない人が、銀行などの窓口で「元本割れしないから安心だし、預貯金よりは金利がいいですよ」と薦められて、深く考えずに購入しがちな投資商品——それが「国債」です。

そもそも**国債とは何かといえば、「借金の手形」のようなものです**。お金の貸し手は国債を購入した人、借り手は国です。

もっとわかりやすくいうと、**国債を買うということは、自動的に国にお金を貸すことにつながるのです。**

国債には満期が決まっていますが、これはつまり、国は「〇年後に返す」と約束した上で、国民にお金を借りているということです。私たち国民が国債を買った代金のうち、金融機関の手数料分などを差し引いた残額が、国の歳入となります。

国債の発行国が財政破綻《はたん》しない限り、貸したお金は利息が上乗せされて確実に戻ってくるので、元本割れはしないといわれています。

もちろん、**国債の発行国が財政破綻した場合には、国債は紙くずになってしまい、投資していた人は大損します。**しかし、その可能性は極めて低いことから、基本は元本割れしない商品と考えておいていいでしょう。

国債も、日本政府が発行しているもの、外国の政府が発行しているものと種類はさまざまですが、ここからは日本の国債の話をしましょう。

原則として、私は国債をそんなに積極的にはおすすめしていません。元本割れしないので、投資初心者向きの商品ではありますが、ただでさえ巨額に及んでいる国の借金をさらに増やすのは、個人的にあまり気乗りのするものではないからです。

しかし、国債が売れなくなっても日本は破綻してしまうので、誰かが国債を買う必要はあるのです。特に抵抗感のない方は、国債を買うのも選択肢に入れていいでしょう。

日本の国債のうち、一般的によく出回っていて知名度も高いのは、**「個人向け国債」**です。**多くの銀行や証券会社などで毎月販売されており、最低購入金額は1万円から**（以後1万円単位）と、手を出しやすい設定になっています。

商品の種類は、**「変動10年」「固定5年」「固定3年」**の三とおりで、いずれも毎月15日に発売されています。

変動、固定というのは金利の種類のことで、後についている年数は満期までの期間です。固定金利だと、あらかじめ定められた利息を享受できますが、変動金利の場合はその時々の金利情勢によって、受け取る利息が変わります。

ただし、金利の下限は決まっているので、どんなに低金利になっても、一定以下になることはありません。

個人向け国債は、満期まで所有していれば元本割れはしません。しかし、**発行から1年**

個人向け国債の仕組みはこうなっている

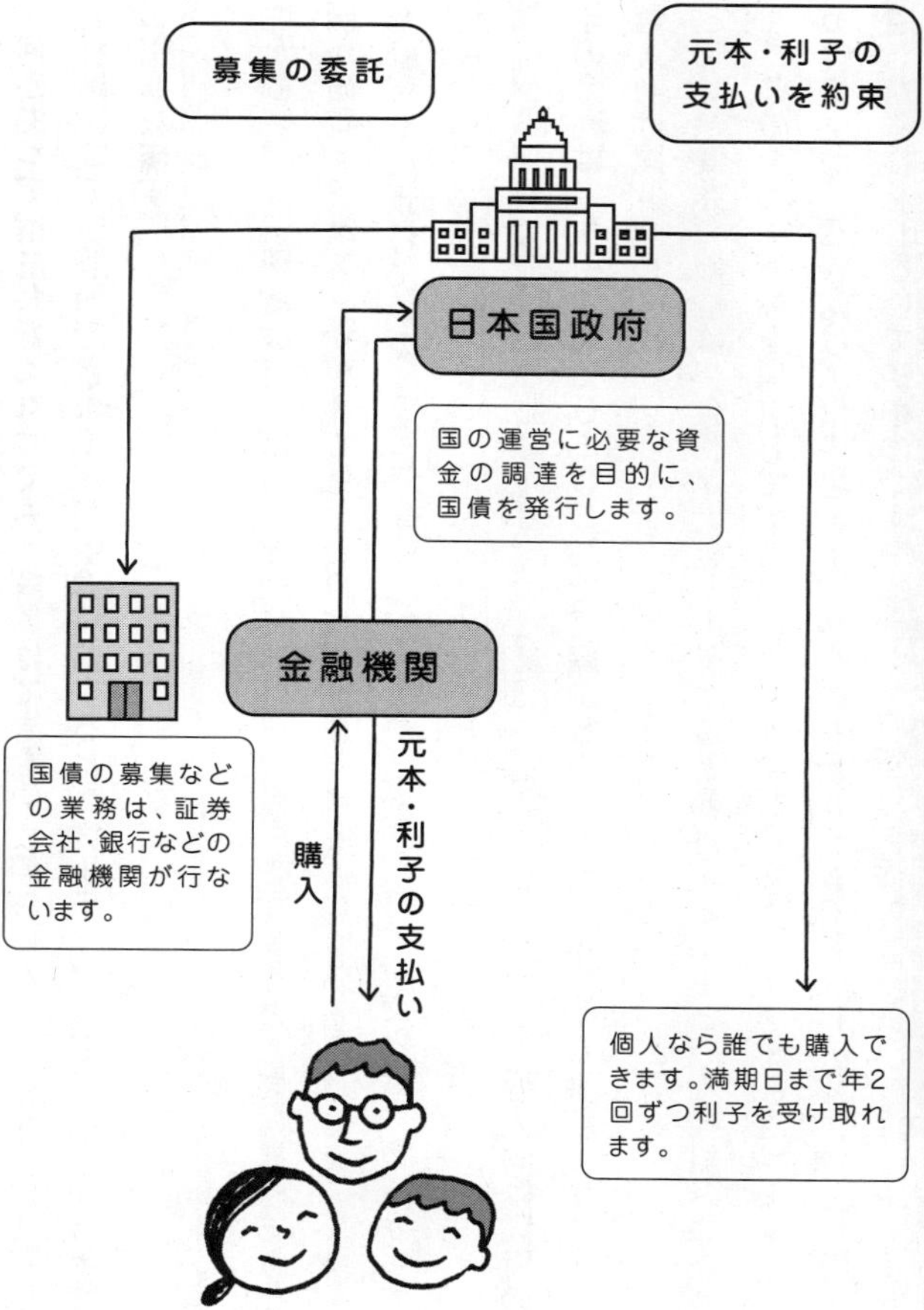

以内は、何かあって解約したくなっても、解約はできない仕組みになっています。**1年以上経過すればいつでも解約できますが、中途解約するとペナルティとして、利息から手数料が差し引かれます。**

商品性からいって、国債は〝しばらく放っておけるお金〟の投資先としては悪くありません。国が破綻するリスクが極めて低いだけに、国債が紙くずになることは考えにくく、下手な金融機関に預けているよりは、よっぽど安全なお金の置き所だともいえるからです。

金利はネット銀行の定期預金並みです。たとえば、直近のデータだと、**個人向け国債の固定3年の金利は、税引き前で0・05%で、固定5年、変動10年も同じ金利**です。

この個人向け国債の長所は、「金利上昇に強い」という点です。

原則として、債券の価格は、金利が大きく上昇すると暴落する——という仕組みになっています。そのため、債券を保有している際に金利が上昇すると、大きく損をする可能性があるわけですが、個人向け国債の場合は、多少のペナルティを払えば元本で換金できるので、さしたる損をしないで済むのです。

先ほど、国が破綻するリスクが低いので安全だとお話ししましたが、その意味でも、個人向け国債を買うことには安心感があるということができます。

【地方債・社債】地元に貢献できる地方債と、高利回りも期待できる社債

債券というと国債のイメージが強いですが、「**地方債**」や「**社債**」も、投資対象としてはポピュラーです。

いずれも金融機関で購入できますが、すべての金融機関で取り扱っているわけではありません。ある証券会社では取り扱っているけど、別の証券会社にはない——ということもしばしば起こります。そのため、債券に興味がある場合、証券会社の販売実績を調べた上で、口座を開設したほうが無難です。

まず、**地方債は、都道府県や市区町村といった地方の公共団体が、財源を確保するため**

に発行する債券です。地方債にも、個人で買えるものとそうでないものがあるのですが、個人で買うことができるものは、「市場公募地方債」と呼ばれています。市場公募地方債には、全国的に購入を募る「全国型市場公募地方債」と、地域住民を中心に購入を募る「住民参加型市場公募地方債」があります。

選ぶものによっては、満期が10年以上と非常に長かったり、最低購入金額が高かったりするものもあります。また、利回りも発行体によってマチマチなので、よく確認した上で買いましょう。

地方債に興味がある人は、**まず、自分の住んでいる自治体の地方債（住民参加型市場公募地方債）をチェックしてみるのがおすすめ**です。「○×公園の整備のため」など、集めたお金の使い道を明記した上で募集しているので、自分のお金が自分の街をよくするために使われているという実感を得られます。

地方債は国債に準ずるほど元本割れのリスクが低いですが、社債はもう少しリスクが高くなります。**社債とは、企業が資金調達のために発行する債券**です。したがって、その企業が倒産すれば価値がなくなります。

国や地方自治体が破綻するより、一企業が潰《つぶ》れる可能性のほうがずっと高いので、リスクも高いというわけです。もっとも、その分金利は多少高くなるので、最近は社債への注目度も高まっています。

ちなみに、高金利で有名なソフトバンクの社債は、2017年3月発行分で、利回りが2・03%（期間7年）でした。預貯金に比べると非常に高いので注目を浴び、すぐに完売してしまいました。

ソフトバンク以外でも、預貯金よりもはるかに利回りが高い大手企業の社債はたくさんあります。**みなさんが応援していて、一定期間潰れないと確信できる企業があるなら、社債を狙《ねら》ってみるのもアリかもしれません。**

【日本株】【外国株】元本保証はないものの、大きな値上がりの期待も⁉

株式は、社債と同じように、企業の資金調達を目的として販売されている金融商品です。

株式会社は証券取引所に上場することで、一般の投資家にも幅広く自社の株を買ってもらうことを目指しています。上場していない会社の株は、その会社の社員などでなければ、基本的に買うことができません。

日本の株式市場で代表的なのは、**「東証一部」**です。東証一部は日本国内でポピュラーなだけでなく、世界でも有数の巨大市場で、世界中の投資家が巨額の資金を投じています。

東証一部のほかには、東証二部や東証マザーズ、ジャスダックといった市場もあります。また、名古屋や札幌などには、小規模な地方証券取引所もあります。ただし、日本の有名企業、大手企業の大半は東証一部に上場しているので、最初は東証一部だけを覚えておけば十分です。

どの市場に上場している株でも、証券会社に口座を開きさえすれば、売買が可能になります（地方証券取引所の上場銘柄は、売買できる証券会社が限られますが、みなさんが売買する可能性は低いでしょう）。

証券会社は、株式市場と投資家をつなぐ仲介役です。投資家が直接市場にアクセスすることはできません。常に、証券会社を介する必要があります。みなさんがこれから選ぶなら、**ネット上で売買が簡単にできて、売買のたびにかかる取引手数料が安い、ネット専業証券会社がおすすめ**です。

投資を考えているという相談者の方とお話ししていると、「株って高いんですか？」「どれくらいお金があったら買えるんですか？」などと聞かれることがよくあります。

「日本株」についていうなら、**今は最低10万～20万円台から買える株が多くなっています。**

株は銘柄によって、最低売買単位がバラバラです。1株から買えるものもあれば、最低

1000株からという銘柄もあります。もし、最低売買単位が100株で、株価が2000円なら、最低購入金額は20万円＋取引手数料となります。

ただし、探せば1万円以下で買える株もあります。逆に、100万円出しても買えない株もあるので、必ずしも「株を買うには10万〜20万円用意すればいい」というわけではありません。

それに、投資に回せるお金が20万円あったとしても、それを1銘柄の株に全部つぎ込むというのも考えものです。株は値動きの変動が激しいので、ある日突然急落し、損失を被るかもしれないからです。

できることなら、二〜三の銘柄に分散投資をし、一つが下がってもほかでカバーできる——という状態にすべきでしょう。

株は預金や国債と違って元本保証ではありませんが、有望な銘柄には大幅な値上がりの期待が持てるので、一度投資してみるのもいいと思います。

銘柄は、みなさんが応援したい企業、お気に入りの企業を選ぶところから始めてみましょう。

証券会社の役割は、投資家と企業の間の仲介役

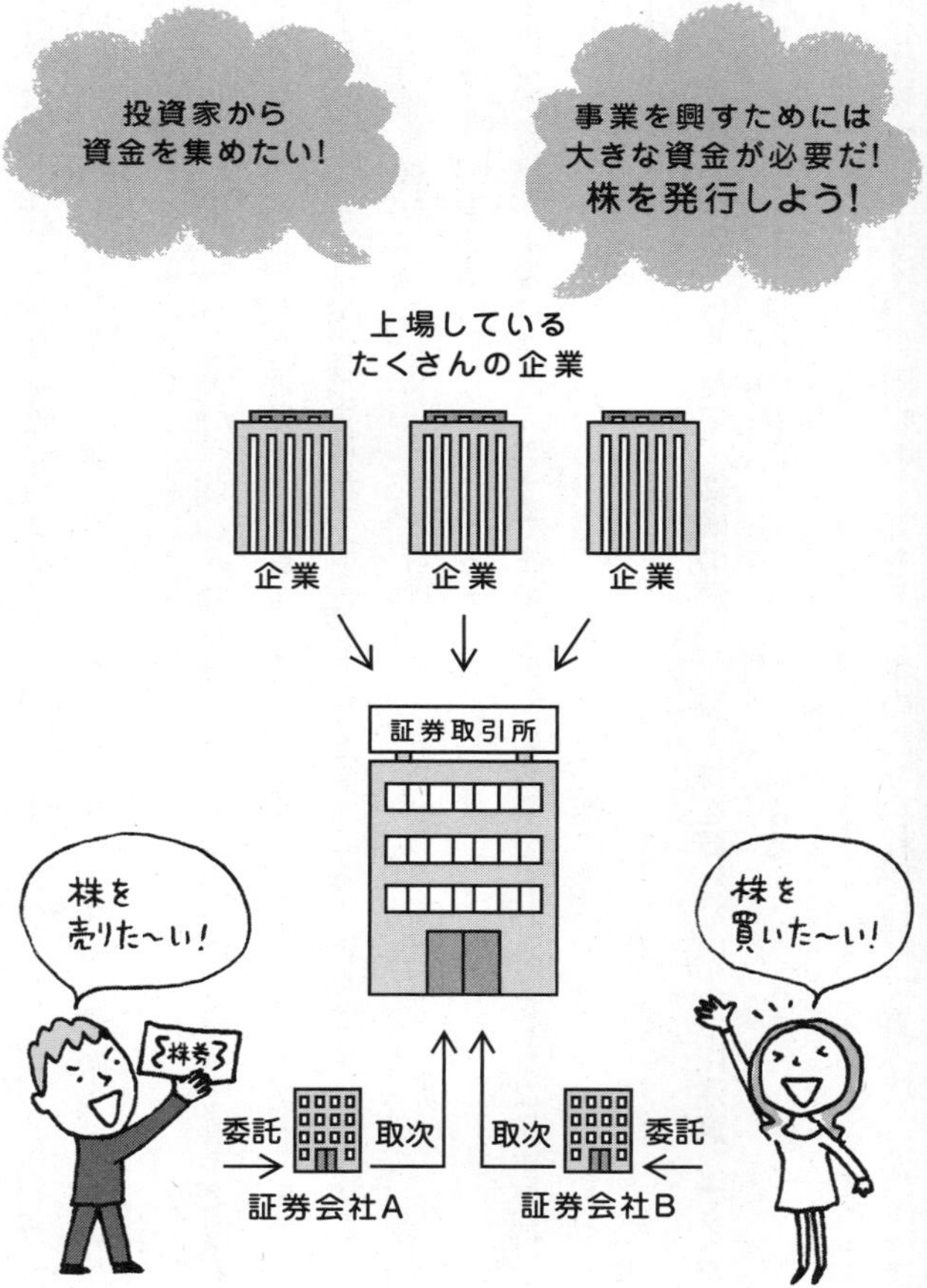

たとえば、よく利用する飲食店を運営する企業、スーパー、コンビニ、デパート、ファッション関係、化粧品会社など、日頃お世話になっているサービスの提供元を、投資対象として見てみてください。

株式投資というと難しそうですが、なじみのある企業を応援するために株を買ってみる――そう考えれば、株が少し身近に感じられてくるはずです。

また、上場企業の中には、**「株主優待」**を実施しているところもあります。株主優待とは、株式を保有している人（＝株主）へのお礼として、企業が自社製品やサービス、割引券、お米券などをプレゼントしてくれるサービスのことです。

株主優待の内容は、企業によってさまざまで、低額の投資でもわりと豪華な株主優待を受けられる場合もあります。そのため、事前に気になる銘柄の優待内容をチェックしてみるのもおすすめです。

ただ、**株主優待の内容だけを見て、業績の悪い企業の株を買わないように注意してください。**優待をもらっても、株価が暴落してしまったら意味がないからです。

なお、日本株だけでなく、外国株の一部も、日本の証券会社を通じて買うことができま

おもなネット専業証券会社はココ

証券会社名	URL
SBI証券	https://www.sbisec.co.jp/ETGate
岡三オンライン証券	http://www.okasan-online.co.jp/
カブドットコム証券	http://kabu.com/
GMOクリック証券	https://www.click-sec.com/
松井証券	http://www.matsui.co.jp/
マネックス証券	https://www.monex.co.jp/
ライブスター証券	http://www.live-sec.co.jp
楽天証券	https://www.rakuten-sec.co.jp/

↓

※会社によって、手数料や取扱商品が微妙に異なるものの、比較的サービスは横並び。どこを選んでも大失敗はないので、サイトを見て、自分に合いそうな雰囲気の会社を探そう。

す。ただし、日本株のように、すべての証券会社で同じものを取り扱っているわけではありません。たとえば、ある証券会社では中国株を取り扱っているけれど、別の会社では取り扱い自体がないということもあります。

今、中国株を例に出しましたが、外国株の中で特に取り扱いが多いのがこの中国株で、ほかに米国株やその他の国の株を少しだけ買える証券会社もあります。中国株は、一時日本でブームになったことがあり、その影響で取扱会社が多いのです。

日本の株と違い、外国株の情報は日本にいると調べづらく、投資するのはなかなか難しいかもしれません。中国株でいうと日本企業よりも成長速度が速いので、大幅に値上がりする可能性も秘めていますが、日本株以上にハイリスクハイリターンということができます。

銘柄が選びづらく、リスクも高いことを考えると、もし中国株を買いたいなら、中国株を組み入れた投資信託を買う——といった方法を検討してみるほうが無難といえるでしょう。

【投資信託①】少ないお金で分散投資ができる優れた金融商品

国債は利回りが低く、株は値動きが激しい――このように、どんな金融商品にもデメリットはつきものです。

では、何に投資すればいいのかといえば、唯一の正解といえるものはありません。

もし、あなたが「投資資金が大きく減るリスクを負ってでも、将来的に大きなリターンが期待できる商品に投資したい。そのための勉強もいとわない」というタイプなら、株式投資がいいかもしれません。

逆に、「投資といっても、それでお金が減るのはとにかくイヤ。預貯金より少し有利というくらいの利回りが得られれば、それでいい」という人は、国債などへの投資を考えるといいでしょう。

そのどちらのタイプでもなく、「ちょっとリスクを取るのは仕方ないけど、大損はしたくない。地道にコツコツ増やしたい」という人も多いはずです。相談者の方とお話しした印象だと、このタイプがもっとも多いように思われます。

そんなスタンスをお持ちの方に私がおすすめしたいのが、「**投資信託**」です。

投資信託という名前くらいは、聞いたことがある人も多いでしょう。略して「**投信**」と呼ばれたり、「**ファンド**」と呼ばれたりもします。

投信は、比較的少ないお金でも買えて、効率的な運用がしやすい、初心者にもぴったりの金融商品です。

どのような商品かといえば、**たくさんの投資家から少しずつ集めたお金を一まとめにして、それをさまざまな株や債券、不動産などに分散投資するという仕組み**になっています。投資による損益は、出資した人に、出資金額に応じて配分されます。

投信によって、投資する金融商品は異なり、株ばかりに投資する株式型投信もあれば、債券ばかりを組み入れる債券型投信もあります。

資金を一まとめにし、分散投資を行なうのは、「**ファンドマネジャー**」と呼ばれる金融のプロです。私たちが自分でいろいろな金融商品を買うのは、資金的に難しく、また商品選びも難しいものですが、**投信ならプロに少額で分散投資をお任せできる**のです。

投資信託の仕組み

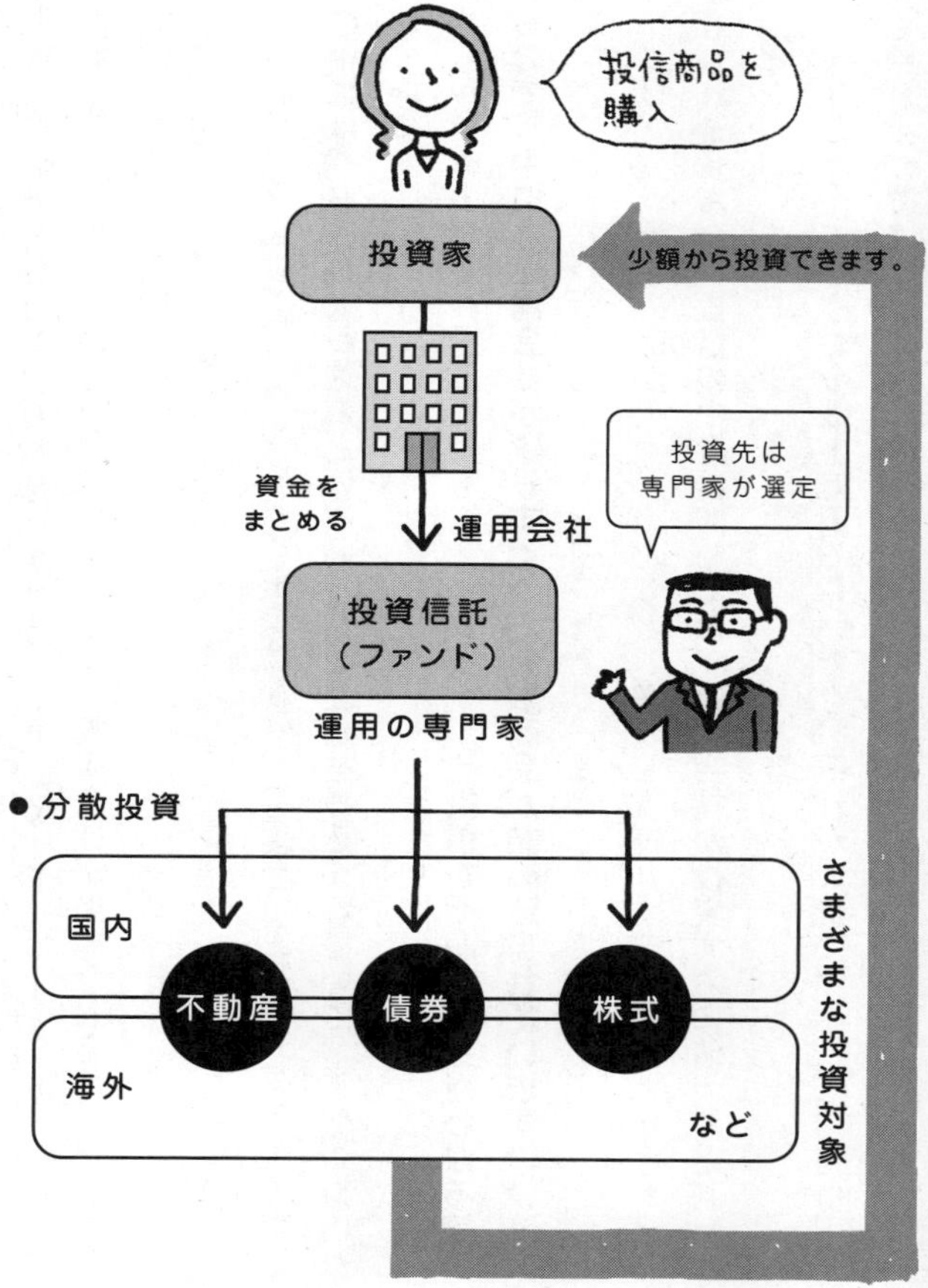
投信商品を
購入
投資家
少額から投資できます。
資金を
まとめる
運用会社
投資先は
専門家が選定
投資信託
(ファンド)
運用の専門家
● 分散投資
国内
不動産
債券
株式
海外
など
さまざまな投資対象

投信を販売しているのは証券会社や銀行ですが、運用のかじ取りをしている（ファンドマネジャーが在籍している）のは運用会社です。なお、販売会社が集めたお金は、信託銀行が管理しています。

ここまでの説明で、まだちょっとピンと来なければ、**「福袋」**を想像してみてください。福袋の中には、お店の人が選んだいろいろな商品が詰め込まれていて、1個1万円などで売られています。

最近はあらかじめ中身がわかる福袋も増えていますが、**投信もそんな中身がわかる福袋のようなもので、中には運用会社が選りすぐった金融商品が詰め込まれています。**投資家は、事前に何に投資している投信なのかを知った上で、買うことができます。

福袋の中身は、売れ残りの品が入っていたりと、必ずしも選りすぐりの品というわけではないかもしれませんが、投信の中身に関しては、運用会社が投資するに値すると判断した金融商品になっています。

投資家一人ひとりが支払うお金は1万円くらいでも、それが大量に集まれば、何億円、何兆円にも膨れ上がります。ファンドマネジャーはその膨大な資金で、分散投資を行なっていきます。そのため、**私たちは投信を買うことで、何十、何百という金融商品への分散投資を実質的に実現できる**のです。

先ほどから分散投資という言葉を使っていますが、**分散投資がなぜ重要かといえば、それは損失を出すリスクを低減できるから**です。

仮に、10万円で1種類の株を買った場合、その銘柄が暴落したら大損してしまいます。が、10万円で10種類の株を買えば、一つが大きく下がっても、ほかが値上がりする可能性もあり、リスクを分散できます。

繰り返しになりますが、投信はこの分散投資を、数千円程度（積立なら最低１００円）から始められる、非常に手頃で優れた金融商品なのです。

商品の種類も非常に多様です。投信は、おもに投資対象によってカテゴリー分けされます。先ほども少し出てきましたが、たとえば日本の債券だけを組み入れた投信は「国内債券型」、先進国の債券を組み入れたものは「先進国債券型」、新興国の債券を組み入れたものは「新興国債券型」と呼ばれます。株式型も、同じように国内、先進国、新興国などで分かれています。

株、債券だけでなく、不動産に投資する投信もありますし、それらをすべてバランスよく組み入れる、その名も「バランス型」と呼ばれる投信もあります。

選び方としては、「リスクはあまり取りたくないから、国内の債券型を選ぼう」「長期的な成長を期待して、新興国の株式型を買おう」というように、投資の目標に合わせて選別してみてください。

ただし、**何千種類もある投信の中には、極めてハイリスクなもの、構造が複雑すぎるもの、コストがかかりすぎるものなどもたくさん含まれているので、見極めが肝心**です。

【投資信託②】ローコストでシンプルなインデックスファンドがおすすめ

投信は、投資対象だけでなく、「投資の方針」によっても種類がわかれています。

リスクを取りながら積極的に運用し、高い収益を目指すものもあれば、各市場（日本株市場や債券市場など）の**「平均値」**に連動することを目指しているものもあります。

平均値とは、いいかえると**「相場全体の流れを表わす指数（インデックス）」**のことで、たとえばニュースなどで耳にする機会も多い日経平均株価やＴＯＰＩＸ（東証株価指数）などもそうです。

投信の世界では、積極的に運用する前者を**「アクティブファンド」**、平均値への連動を目指す後者を**「インデックスファンド」**と呼びます。

両者を比べると、どうせなら高い収益を目指すアクティブファンドのほうがいいのでは――と思われるのではないでしょうか。しかし、必ずしもそうとは限りません。

なぜなら、**アクティブファンドは、高い収益を目指しているとはいえ、実際に高い収益を出し続けているものは少なく、むしろ市場の平均値（インデックス）を下回っている期間が長いもののほうが多い**からです。

もちろん、一時的に上回ることはありますが、なかなかそれを維持することができない――そんなアクティブファンドが大半です。にもかかわらず、**手数料はインデックスファンドよりもずっと高い**のです。

手数料の話が出たところで、話が逸《そ》れますが、ここで投信の手数料についてご説明しておきましょう。

投信には、おもに**「販売手数料」「信託報酬」「信託財産留保額」**と呼ばれる3つの手数料があります。

販売手数料は、購入時に1回だけかかる手数料で、証券会社などの販売会社に支払います。

信託報酬は、その投信を保有している間、毎日休みなく発生する手数料です。

信託財産留保額は、投信を解約する（売却する）ときに発生する手数料です。

このうち、販売手数料については、インデックスファンドの場合、**「ノーロード（無料）」**の販売会社が多くなっています。もし、取引を考えている金融機関で、インデックスファンドの販売手数料が有料の場合は、ほかのところで無料で買えないか調べたほうがいいでしょう。

また、信託財産留保額に関しても、ごく一部を除いて、発生しない投信が多くなっています。

信託報酬に関しては、どんな投信でも必ず発生する上に、1回だけではなく、保有している間ずっとかかり続ける手数料なので、手数料率には注意しなければなりません。

アクティブファンドの場合、販売手数料、信託報酬ともに手数料率が非常に高くなっています。

アクティブファンドは、インデックスファンドよりも運用に手間がかかるので、高い手数料率になるのもある程度は仕方がないのですが、その手数料を支払う価値があるだけの収益を上げられる商品でなければ、投資する価値はありません。

これに対し、**インデックスファンドは全般的に手数料率が低め**です。そのため、たとえば長期間にわたって積み立てるときなどに向いているともいえます。

そのほかにも、インデックスファンドは**「値動きがわかりやすい」**というメリットがあります。

たとえば、日経平均株価に連動するインデックスファンドを買った場合、テレビのニュースで「日経平均株価が上昇」と流れれば、原則としてインデックスファンドも上昇します。この明快さは、アクティブファンドにはありません。

投信は、構造が複雑であればあるほどハイリスクになり、手数料も高くなる傾向にあります。それと真逆のインデックスファンドは、**投資の初心者にとって、非常に買いやす**

い、**そして失敗もしにくい商品**なのです。

インデックスファンドは、日経平均株価など、日本株の指数に連動するものだけではありません。指数にはさまざまな種類があります。先進国のあらゆる株価指数から割り出されているインデックスや、債券のインデックスもあります。

ちょっとわかりにくいと思いますが、このようにさまざまなインデックスがあるために、日本株・債券、先進国株・債券、新興国株・債券、国内外の不動産（ＲＥＩＴ）などのインデックスに連動する、多彩なインデックスファンドが存在していることだけ理解すれば十分です。

投信は株とは違い、発行体が潰れて紙くずになることはまずありませんが、人気がなくて資金が集まらなかったりすると、商品がなくなって、中途半端なタイミングでお金が戻される（**「償還」**と呼びます）ことがあります。

しかし、インデックスファンドの場合は、急に償還される可能性はほとんどないので、安心してください。

特に、メジャーなインデックスファンドのシリーズである「eMAXIS」や「SMT」などの商品を買っていれば、償還のことを心配することもありませんし、あらゆる金融機関で取り扱っていますし、ローコストでもあるので、まず安心だと思います。

私自身、投資を始めた当初は、このようなインデックスファンドから買い始めました。そこから勉強や投資経験を積み重ね、今では思うところあって、もう少しハイリスクハイリターンな商品（新興国株式を組み入れた投信など）にシフトしていますが、最初にインデックスファンドを買いながら投資の基礎を学べたことは、とてもいい経験になったと思います。

【投資信託③】積立でコツコツ投資すれば、年利2％も十分可能

インデックスファンドを買う場合、買い方としては、まとめて買うか、積立で買うという2つの選択があります。

私がおすすめしたいのは積立投信です。投信の積立は、一般的には預貯金の自動積立と同じように、「1万円」など金額を指定して、最初に設定した商品を毎月買っていきます。

投信の価格は毎日変動しているので、毎月1万円投資しても、先月と今月で同じ口数を買えるわけではありません。

投信の値段は「基準価額」と呼ばれますが、これが1万円と表示されていたら、通常は1口1円で、購入すると1万口の投信を手に入れることになります（基準価額は1万口あたりの値段を示しています）。

しかし、翌月の基準価額が5000円になっていたら、1口あたりの値段は0・5円になっているので、1万円支払うと2万口買えることになります。

ここまでの説明でもうおわかりだと思いますが、投信の積立をすると、値段が下がったときにはたくさんの口数を買え、値段が上がったときには少数だけを買うことになるわけです。

そうすると、たとえ最初は1万円で1万口買っても、基準価額が下がっていけば、購入した値段の平均値は下がっていきます。そのため、**値下がりしても大損することにはなり**

づらく、ストレスを抱え込まずに済みます。

そのため、まずは1銘柄、好きなインデックスファンドの積立をしてみることをおすすめします。そして、慣れてきたら別の種類のインデックスファンドを追加で積み立ててみてもいいでしょう。日本株と先進国株、新興国株のインデックスファンドをそれぞれ5000円ずつなどと金額を決め、毎月給料日に積み立てる――といった感じです。

もし、いくつかのインデックスファンドを合わせて、毎月2万円ずつ積み立てて、毎年2％ずつ利益を上げたとしましょう。増えた分も再投資し続けると、仮に15年間積立を継続した場合、投資金額は360万円ですが、運用の成果で資金は419万円まで増加します。

この差額だけ見ても、リスク性商品で運用する成果というのがわかります。インデックスファンドのように比較的低リスクの投信でも、年に2～3％程度の利回りを実現することは十分に可能なので、どうせ積み立てるなら預貯金だけではなく、投信も検討する価値が大いにあるのです。

ちなみに、インデックスファンドとよく似た商品に、**「ETF（上場投資信託）」**というものがあります。ETFは投信の一種なのですが、その名のとおり上場しているので、株式と同じように1分1秒単位で値動きをします。その点が、1日1回しか値動きしない普通の投信とは異なります。

ETFは活発に値動きするものの、インデックスファンドと商品性は類似しています。たとえば、日経平均株価指数に連動するインデックスファンドがありますが、同じく日経平均株価指数に連動するETFもあり、両者はほぼ同じ動き方をします。

中身が同じならどちらを買えばいいのか――ということになりますが、**ETFがインデックスファンドと異なる点をさらに挙げるなら、まず積立ができないという点が最大の違いでしょう。**

インデックスファンドは「毎月積立で1万円分買う」というような買い方ができますが、ETFは時価でその銘柄を何口買うかという注文の仕方しかできません。その点が、積立をしたい人には不便です。

とはいえ、**ETFには、コストの安いインデックスファンドよりも、さらにコストが安いという見逃せないメリットもあります。**そのため、積立での投資にはあまり興味がない

積立投信はストレスフリー

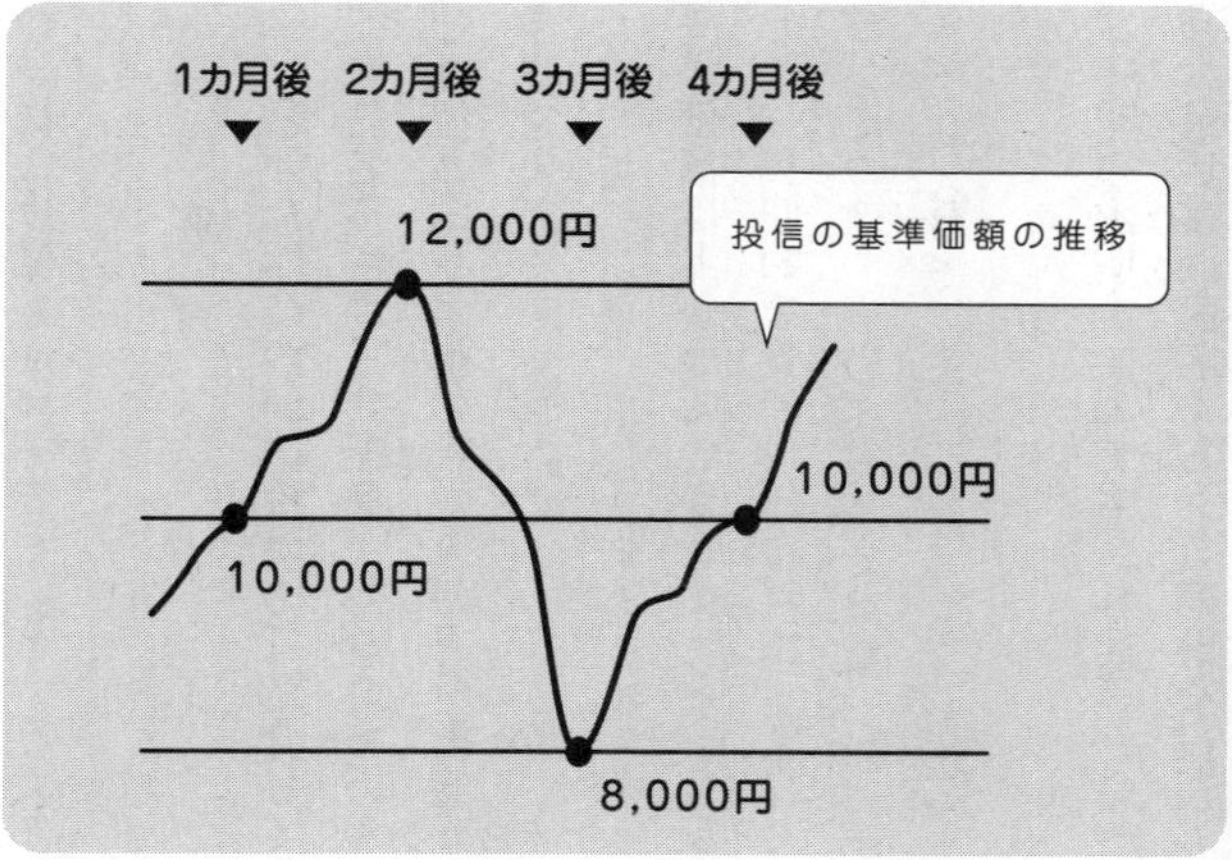

● 毎月1万円ずつ積み立てた場合

					合計
購入金額	10,000円	10,000円	10,000円	10,000円	40,000円
購入口数	1カ月後 10,000口	2カ月後 8,333口	3カ月後 12,500口	4カ月後 10,000口	5カ月後 40,833口

1万口当たりの平均購入価額

9,766円

購入金額を一定にすると、積み立てている投信が値上がりしたときは少なく買い、値下がりしたときにはたくさん買うので、結果的に**大損しにくい投資法**といえます

人や、今後株式投資もやってみたいという人が、最初に練習代わりに買ってみるというのも手かもしれません。

最後に、避けたほうがいい投信もご紹介しておきましょう。

まず、商品名に「毎月分配型」とついている投信は、あまりおすすめしません。

毎月分配型とは、名前のとおり毎月分配金がもらえるタイプの投信です。というと、何だかおトクでとてもいい商品のようですが、そうではありません。そんなにしょっちゅう分配金を出していると、肝心の収益が伸びづらくなってしまうので、「分配金はもらえるけど、基準価額は上がっていかない」という状況になりがちだからです。

それでは、長期的な資産形成を目指す人にとってあまり意味がありません。目先の分配金に飛びつくのは、決して得策ではないのです（といっても、最近は投信の大多数が毎月分配型になっているので、完全に避けるのは至難の業かもしれません）。

また、いくら説明を読んでも、仕組みがさっぱり理解できないような投信はやめておきましょう。最近は商品名からして難解な投信も多くなっています。仕組みが複雑だと、その分手数料が高くつくものです。ややこしい名称で、仕組みが難しく、手数料も高い商品があったら、絶対に避けてください。

ただ、証券会社や銀行などの販売会社は、手数料の高い商品を売ったほうが儲かるので、こうした商品をプッシュしてきます。

ここで簡単に丸め込まれては、高い手数料をしぼり取られることになるので、まず単純なインデックスファンドで十分だと考えておきましょう。

おわりに

アベノミクスの影響によって、「世の中がインフレになる」とは、よく耳にする話です。実際問題として、政府は為替を円安に誘導し、物価上昇を促《うなが》しているわけですから、今後は多かれ少なかれ、インフレ（モノの価値が上がり、お金の価値が下がる状況）になっていくでしょう。

こうした流れを背景として、最近家計相談の中でかなり頻繁《ひんぱん》に聞かれるようになったのが、次の質問です。

「これまで貯金を頑張らなきゃと思ってきたのに、インフレになったらお金の価値が目減りするって本当ですか⁉ それじゃあ、もう投資するしかないんですか？」

たしかに、インフレのときとデフレ（モノの価値が下がり、お金の価値が上がる状況）のときとでは、資産の持ち方を意識的に変えることが重要になってきます。

しかし、このようなことをいう人の多くに私が日頃アドバイスするのは、「もっと先にやるべきことがある」ということです。

というのも、大抵の人は、インフレを心配する以前に家計が元々整っておらず、投資を志《こころざ》すようなステージにも達していない――現在と将来の生活を支える最低限の貯金すらも、まだ準備しきれていないからです。つまり、家計が脆弱《ぜいじゃく》なのです。

強い家計というのは、たとえ経済がどうなろうと、財政破綻《はたん》のような極端な事態に見舞われない限りは、大して打撃を受けることがありません。逆に、脆弱な家計は、経済の変動によって簡単に潤《うるお》ったり赤字になったりします。

私たちは、経済のニュースに翻弄《ほんろう》されることなく、強い家計を作っていかなければなりません。特に、この先何十年も自分で自分の家計を支えていくおひとり様女子のみなさんは、その覚悟を新たにすべきです。

そもそも、何十年もずっとインフレということはないのですから、不安を捨て、今できること――女子貯金にこそ、邁進《まいしん》していただきたいと思います。

お金のことを考えると、時として憂鬱《ゆううつ》になることもありますし、やけくそになってしまいそうなときもありますし、不安に押しつぶされそうになることもあるかもしれませんね。

ですが、雑音はシャットアウトして今できる女子貯金から始めていけば、いずれはお金のことで悩まずに、自信を持って明るく生きていけるようになります。私のところを訪れている方の中にもそういった人はたくさんいます。

みなさんが女子貯金をスタートさせ、スムーズに貯金生活を軌道に乗せることを、心からお祈りしています。